Nina Ort
Wie wir Ideen klar machen

Nina Ort

Wie wir Ideen klar machen

Die Semiotik von Charles S. Peirce zur Einführung

Einstiege

VELBRÜCK
WISSENSCHAFT

Erste Auflage 2024

www.velbrueck-wissenschaft.de
Printed in Germany
ISBN 978-3-95832-374-2

Bibliografische Information der Deutschen Nationalbibliothek
Die Deutsche Nationalbibliothek verzeichnet diese Publikation in der Deutschen Nationalbibliografie; detaillierte bibliografische Daten sind im Internet über http://dnb.d-nb.de abrufbar.

Inhalt

Vorwort

> The proposition »Every phoenix, in rising from its ashes, sings ›Yankee Doodle‹« will be, we may be confident, not in conflict with any experience. If so, it is perfectly true.
>
> *Charles S. Peirce*

Im Mainstream unserer Gesellschaften scheinen die erkenntnistheoretischen Vorstellungen angekommen zu sein, dass es keine Objektivität, keine absolute Wahrheit mehr gebe. Die postmodernen Positionen scheinen dabei zugleich übergegangen zu sein in eine diskursive Lage, die als postfaktisch bezeichnet wird und in der *alternative facts* als einander widersprechende Narrative scheinbar gleichgewichtig miteinander konkurrieren. Der deshalb teilweise auch in der Wissenschaft geäußerte Wunsch, dieser Entwicklung entgegenzusteuern, wieder zu objektiven, allgemein verbindlichen Wert- und Wahrheitsvorstellungen zurückzukehren, ist nachvollziehbar. Doch gerade für die Wissenschaften gilt, dass in ihnen keine Wahrheiten verhandelt werden, sondern Hypothesen. Der Semiotik, also der Wissenschaft von den Zeichen, kommt dabei insbesondere die Rolle zu, den hypothetischen Charakter aller Suche nach Erkenntnis, ob privat oder wissenschaftlich, zeichentheoretisch zu erklären. Da jede Suche nach Erkenntnis, jeder Diskurs, jedes Narrativ, ja, jede Wahrnehmung zeichenhafter Natur ist, ist Semiotik aber auch zuständig für die Erarbeitung von Lösungen, wie in einer Welt ohne unumstößlich Objektives gleichwohl Orientierung und Gemeinschaft möglich sein können.

Alle Eindrücke, die auf irgendeine Weise unser Bewusstsein erreichen, werden von uns auf irgendeine Weise interpretiert. Indem wir Eindrücken interpretierend Bedeutung zuweisen, orientieren wir uns in der uns umgebenden Wirklichkeit. Reize oder Signale als etwas (Bedeutsames) zu interpretieren, bedeutet, sie in Zeichen zu verwandeln. Indem wir auf Reize und Signale in dieser Weise reagieren, sind wir zugleich Interpreten und Akteure. Wir tun es *alle*, *überall*, *ununterbrochen*: Zeichen und deren praktische Wirkungen hervorbringen.

Unsere Erfahrung von Wirklichkeit ist dabei grundlegend geprägt vom Wechsel zwischen Überzeugungen und Zweifel. *Wie wir Ideen klar machen*[1], ist deshalb ein grundlegendes Problem bei der Bewältigung des Alltags.

1 So lautet in deutscher Übersetzung der Titel des Aufsatzes *How to Make Our Ideas Clear*, den Charles S. Peirce 1878 im *Popular Science Monthly XII* veröffentlichte.

Das Ziel des vorliegenden Buchs ist es daher, ein alltagstaugliches, pragmatisch nutzbares Wissen über Zeichen und Zeichenverwendung auf unakademische Weise zu vermitteln.

Das Buch folgt der Semiotik von Charles S. Peirce. Da es mein Ziel ist, Semiotik auf eine möglichst leicht zugängliche und verständliche Weise darzustellen, werde ich sie in eigene Worte fassen und mich dabei auf meine Erfahrungen in der Lehre stützen. Für interessierte Leser hänge ich diesem Buch einen Appendix an, in dem grundlegende Zitate von Peirce angegeben und nachgewiesen werden.

1. Wie Zeichen entstehen

1.1 Was auf uns wirkt, wirkt als Zeichen

Um einen Zugang zum Verständnis von Zeichen und Zeichenhandeln zu gewinnen, gilt es, sich zuallererst von der Vorstellung zu befreien, Zeichen seien wie auch immer geartete Dinge, die existieren. Es *gibt* nicht die Zeichen, sie werden vielmehr erzeugt. Sie haben keine andere Existenz als ihr Zustandekommen. Was für den einen in einer bestimmten Situation beispielsweise ein Zeichen für »Gefahr« ist, muss es für den anderen keineswegs sein. Statt daher mit der schwierigen Frage zu beginnen, was Zeichen wohl sein mögen, ist es naheliegender, mit der Frage zu beginnen, wie Zeichen entstehen, wie aus etwas ein Zeichen für etwas anderes (gemacht) wird. Wenn aber Zeichen nur in ihrer Verwendung entstehen, dann ist der Zeichennutzer stets involviert. Wenn jemand also einer Wahrnehmung eine Bedeutung beimisst, dann ist diese Bedeutung die Wirkung dieser Wahrnehmung: Sie wird zum Zeichen. Das Zeichen ist also stets das Konstrukt eines Zeichenhandelnden. Die pragmatische Dimension des Zeichenhandelns muss daher als tatsächlicher Bestandteil des Zeichenbegriffs verstanden werden.

In diesem ersten Kapitel geht es deshalb darum, zu erkennen, dass nur dann von einem Zeichen gesprochen werden kann, wenn dieses eine gewisse Wirkung entfaltet. Der Verweischarakter eines Zeichens (etwas steht für etwas anderes) reicht nicht aus: Erst wenn dieses »Dafürstehen« irgendeine Wirkung auslöst, wenn es eine gewisse Bedeutung erlangt, kann von einem Zeichen gesprochen werden. Diese Wirkung, also die praktischen Konsequenzen, die aus einer Zeichenkonstruktion entstehen, wurde in den meisten Zeichentheorien lange Zeit vernachlässigt, sie ist aber als genuiner und konstitutiver Bestandteil eines Zeichens aufzufassen. Wenn mich, salopp formuliert, etwas nicht berührt, ist es für mich schlicht irrelevant, ich beachte es nicht, es ist für mich »Luft«. Es wird zu zeigen sein, dass dieser Fall allerdings so gut wie nie eintritt: Alles, was Gegenstand meiner Wahrnehmung wird, wird irgendeine Art von Wirkung oder Reaktion in mir hervorrufen, auch wenn diese bisweilen über die reine Kognition kaum hinausreicht.

Stell dir vor, es ist ein schöner Sommertag und du wanderst durch ein waldiges Tal. An einer Weggabelung erblickst du ein Schild, eine kleine Holztafel, die an einem Stamm befestigt ist. Darauf steht in rustikalen Buchstaben geschrieben: »Zur Räuberhöhle«, die dreieckig geformte Spitze des Schilds weist in die Richtung eines abzweigenden

Fußwegs. Durstig von der Wanderung beschließt du, dem Schild zu folgen, um in der »Räuberhöhle« einzukehren und dort eine kühle Limonade zu trinken.

Das Entscheidende in der hier beschriebenen Situation ist die *Wirkung*, die das Schild auf das *Verhalten* des Wanderers hat. Denn die *Reaktion* auf das Schild – in diesem Fall: die von ihm angezeigte Richtung einzuschlagen und der Entschluss, das Wirtshaus aufzusuchen – macht aus dem Schild ein bestimmtes Zeichen. Warum es erst die Reaktion oder Wirkung ist, die aus etwas ein Zeichen macht, soll mit Hilfe der folgenden Beispiele Schritt für Schritt verdeutlicht werden.

Da du schon oft in deinem Leben auf vergleichbaren Wanderungen vergleichbare Schilder gesehen hast, bist du dir augenblicklich sicher, dass es sich bei dem Schild um einen Wegweiser und bei der von ihm angezeigten »Räuberhöhle« um eine Ausflugswirtschaft handelt.

Das sich augenblicklich einstellende Verständnis, dass mit diesem Schild auf ein Wirtshaus in der Nähe hingewiesen wird, stellt eine Interpretation dar, die in der aktuellen Situation naheliegend und sinnvoll erscheint – stellt sich mit ihr doch in Aussicht, sich zur Pause auf der Wanderung ein wenig ausruhen und etwas trinken zu können. Das Schild wird in dieser Situation von dem Wanderer also in einer gewissen Hinsicht interpretiert, nämlich in Hinsicht auf die damit in Aussicht stehende Erfrischung.

Das Schild ist kein Zeichen »an sich«, es ist erst einmal nur ein beschriftetes Stück Holz. Erst die Bedeutungszuweisung (»Wegweiser für ein Wirtshaus«) und die damit verbundene Reaktion darauf macht es zu einem.

Die Reaktion oder Interpretation dieses Zeichens erfolgt in diesem Fall relativ routiniert; es muss nicht lange darüber nachgedacht werden, was das wohl bedeuten könnte und wie man sich in dieser Situation nun wohl angemessen verhalten könne. Es ist gleichwohl allein einer Verhaltensroutine zu verdanken, dass und wie das Holzschild, nämlich als Wegweiser für eine Ausflugswirtschaft, interpretiert wird.

Dieses Beispiel für das interpretierende Erzeugen eines Zeichens ist aus dem so sehr vertrauten Alltag entnommen, dass die darin verborgene Leistung der Zeichenkonstitution relativ unauffällig bleibt: So routiniert verläuft hier der Zeichenprozess, dass es den Anschein erweckt, allseits bekannte Zeichen seien eben einfach »da« und verweisen auf die von ihnen bezeichneten Objekte der Wirklichkeit, die ebenfalls einfach »da« sind.

Natürlich könnte man den Zeichenbegriff auf derartige routinierte, immer wiederkehrende, gewohnheitsmäßige Zusammenhänge von (An-)Zeichen und bezeichnetem Gegenstand begrenzen – und genau das wurde im Grunde auch lange Zeit gemacht. Man kann andererseits aber auch eben diesen Zusammenhang zwischen Zeichen und Zeichenobjekt sowie einer interpretierenden Instanz, die ihn erst herstellt, genauer betrachten und zu der Feststellung gelangen, dass jene routinierten Zeichenprozesse nur Spezialfälle einer grundsätzlich wesentlich komplexeren Zeichenpraxis darstellen.

Zeichen werden durch einen interpretatorischen Akt immer erst als Zeichen konstituiert – auch wenn dies so routiniert geschieht, dass wir diese Konstitutionsleistung als solche gar nicht mehr bemerken. Um auf jene stets beteiligte interpretatorische Leistung aufmerksam zu machen, die ein Zeichen jeweils erst hervorbringt, soll das Ausgangsbeispiel leicht abgewandelt werden:

> *Stell dir vor, du hast in der Vergangenheit öfter die Erfahrung gemacht, dass in Ausflugswirtschaften in abgelegener Natur Limonade ziemlich teuer ist. Du reagierst auf den Wegweiser deshalb spontan mit Unmut und beschließt, den vom Wegweiser angezeigten Fußweg nicht einzuschlagen und deinen Durst lieber mit frischem Wasser aus einem nahe gelegenen Bach zu stillen.*

In diesem Fall wird ein *anderes* Zeichen konstruiert, und zwar kein Index auf lockende Limonade, sondern ein Hinweis auf ein lieber zu vermeidendes, weil voraussichtlich Ärger bereitendes Ziel. Die denkbare Reaktion, »Da mag ich nicht einkehren!«, veranlasst den Wanderer in diesem Fall dazu, die angezeigte Abzweigung zu ignorieren und die Wanderung einfach bis zum nächstgelegenen Bach fortzusetzen. Die aus dieser Zeichenbildung resultierende praktische Wirkung ist also eine ganz andere als im ersten Beispiel.

> *Stell dir vor, Kinder wandern mit dir. Wenn sie den Wegweiser »Zur Räuberhöhle« entdecken, reagieren sie voll Begeisterung in der Gewissheit, dass damit natürlich das Wirtshaus vom Räuber Hotzenplotz gemeint sein muss, den sie aus den Kinderbüchern kennen.*

Es würde schwierig sein, die Kinder von dieser Überzeugung abzubringen. (Und es wäre eigentlich auch schade, ihnen die Begeisterung, als ihre kindliche Reaktion auf dieses für sie so bedeutungsvolle Zeichen, zu nehmen.) In diesem Beispiel wird aus demselben Wegweiser ein drittes, völlig verschiedenartiges Zeichen konstruiert, »Hotzenplotzens Räuberhöhle«, das anstatt mit Limonade möglicherweise mit Bratwurst und Sauerkraut (und vielleicht auch mit großen, zu bestehenden Abenteuern) assoziiert wird. Die Begeisterung, die dieser schlichte Wegweiser bei den Kindern hervorrufen kann, wird die Vorfreude auf Limonade des Wanderers aus dem ersten Beispiel bei weitem übertreffen, wohingegen sie dem Wanderer aus dem zweiten Beispiel eher völlig ermangeln dürfte. Diese jeweiligen emotional gefärbten Reaktionen sind dabei Bestandteil der jeweils verschiedenen Zeichen, die konstruiert wurden als Zeichen für »Hotzenplotzens Räuberhöhle«, »Erfrischung bietende Ausflugswirtschaft« und »Touristen-Nepp«.

Diese ersten drei Beispiele verdeutlichen also, dass aus demselben Anzeichen (Wegweiser) je nach Beobachterstandpunkt verschiedene Zeichen für jeweils verschiedene oder verschieden konnotierte Objekte konstruiert werden können.

Wenn eingangs gesagt wurde, ein Zeichen komme erst dann und insofern zustande, wenn irgendetwas als Zeichen für etwas (anderes) in einer gewissen Hinsicht interpretiert wird, dann soll genau diese interpretatorische Leistung, also die Wirkung oder Bedeutung, die anlässlich des Schildes hervorgebracht wird, hervorgehoben werden, weil sie der *entscheidende Faktor* ist, von dem das Zustandekommen eines Zeichens abhängt. Das Holzschild kann infolgedessen, je nach Situation, zum Zeichen für alles Mögliche werden.

Denkbar wäre beispielsweise, dass ein erschöpfter Wanderer, der gerade aus der angrenzenden Wildnis kommt, in dem Schild schlicht ein Anzeichen für Zivilisation erkennt. Ebenso gut denkbar wäre, dass ein Sammler von Holzschnitzereien angesichts dieses Schildes als eines besonders schönen Exemplars folkloristischer Schnitzkunst in Versuchung gerät, es abzumontieren und mitzunehmen. Denkbar wäre natürlich auch, dass ein (etwas einfältiger) Wanderer auf den Wegweiser mit Furcht und Schrecken reagiert, weil er annimmt, dass damit tatsächlich auf eine Räuberhöhle hingewiesen wird, von der Bedrohliches ausgeht. Und so weiter.

Um begriffliche Schwierigkeiten zu vermeiden, sollen im Folgenden nach Peirce für das (An-)Zeichen im engeren Sinne, also das Zeichenmittel (Wegweiser) der Begriff *Repräsentamen* verwendet werden; für die Wirkung oder Reaktion, die es auslöst, der Begriff *Interpretant*; das triadische Gefüge aus Repräsentamen, Objekt (das Gemeinte, hier also das Wirtshaus) und Interpretant ergibt insgesamt das *Zeichen*. Diese Begriffsbestimmung soll dabei helfen, die drei am Zeichen beteiligten Aspekte jeweils terminologisch genau auseinanderhalten zu können.

In den hier besprochenen Beispielen geht es also zunächst einmal um den Interpretanten, also um die Wirkung, als einen der drei Zeichenkonstituenten. Auf die beiden anderen Konstituenten wird später genauer einzugehen sein.

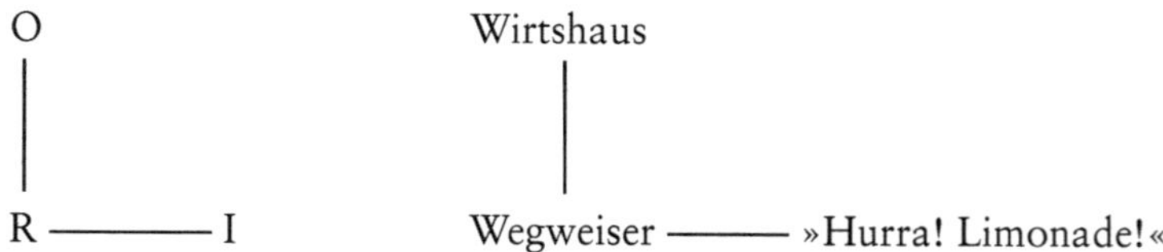

Abb. 1: Das triadische Zeichen bestehend aus Objekt, Repräsentamen und Interpretant

Nur insofern ein Repräsentamen eine gewisse Wirkung (Interpretant) hervorruft, die sich auf ein vom Repräsentamen indiziertes Objekt bezieht, so kann nun präziser formuliert werden, wird ein Zeichen erzeugt. Ohne Wirkung kein Zeichen.

Im weitesten Sinne, so könnte man sagen, ist der Interpretant eines Zeichens, also die Reaktion oder Wirkung des Zeichens, die *ganze* Bedeutung des Zeichens, nämlich die Bedeutung, die das Zeichen aufgrund der jeweiligen Interpretation anzunehmen in der Lage ist.

Diese Beobachtung kann definitorisch zusammengefasst werden: Die denkbaren Wirkungen des Objekts einer Wahrnehmung bilden den ganzen Begriff dieses Objekts.

Dass irgendetwas, das Gegenstand unserer Wahrnehmung wird, keinerlei Wirkung oder Reaktion in uns hervorruft, ist bei genauerer Überlegung kaum vorstellbar. Da die meisten Alltagswahrnehmungen aber, wie oben bereits erwähnt, unter weitgehend automatisierten Routinen erfasst werden, fallen ebenso routinierte Wirkungen kaum auf, sie erregen keine besondere Beachtung. Um uns das Ausbleiben einer Wirkung vorzustellen, müssen wir versuchen, ein weiteres Beispiel zu konstruieren:

Stell dir vor, zwei Wanderer sind in ein intensives Gespräch vertieft. Als sie an dem Wegweiser vorbeikommen, nehmen sie aus den Augenwinkeln das Schild zwar wahr, beachten es aber nicht weiter, da ihre ganze Aufmerksamkeit dem gemeinsamen Gespräch gilt.

In diesem Beispiel hat das Repräsentamen keine praktische Wirkung auf die Wanderer. Die flüchtige Wahrnehmung des Schildes ruft in ihnen möglicherweise einen kurzen Gedanken wie etwa »Aha – ein Schild« hervor, aber dieser Gedanke wird sogleich wieder fallen gelassen, um das Gespräch nicht zu stören. In diesem Fall beschränkt sich die Wirkung des Repräsentamen auf schlichte Kognition. Es bewirkt keine besondere Reaktion, für die Wanderer ist es irrelevant.

Im Grunde stellt dieses Beispiel einen Grenzfall des Zeichens (wenn auch nicht unserer Erfahrung) dar: Da außer der reinen Feststellung, dass hier ein Repräsentamen (Schild) gegeben sei, keinerlei Konsequenz aus der Feststellung des Repräsentamen resultiert, sich die Wirkung des Zeichens also auf die unmittelbare und reine Wahrnehmung beschränkt, kann hier nur von einem sehr rudimentären Zeichen gesprochen werden. Aber strenggenommen ergibt sich eben auch hier ein gewissermaßen minimales Zeichen, denn immerhin hat das Repräsentamen das Bewusstsein der beiden Wanderer flüchtig erreicht. (Und ganz strenggenommen könnte man sogar sagen, auch hier liegt ein interpretatorisches Wahrnehmungsurteil und somit durchaus eine Wirkung vor, nämlich die Entscheidung, das Schild nicht weiter beachten zu müssen.)

1.2 Geringere und weitreichende Wirkungen

Peirce' Semiotik unterscheidet drei logisch verschiedene Interpretantentypen, also Typen von Bedeutungs- oder Wirkungskategorien. Man könnte sie als qualitativ unterschiedliche Stärkegrade der Wirkung charakterisieren; Peirce nennt sie den *unmittelbaren*, den *dynamischen* und den *finalen Interpretanten*. Die im letzten Beispiel angesprochene, rein kognitive Wahrnehmung eines Zeichens wird bei ihm als der *unmittelbare Interpretant* bezeichnet. Dieser kann sich allein auf das Zeichenmittel, also auf das Repräsentamen beziehen. Er stellt das Repräsentamen lediglich fest, ohne einen Bezug auf das vom Repräsentamen indizierte Objekt des Zeichens herzustellen: »Aha – ein Schild« Welches Objekt von diesem Repräsentamen wie thematisiert wird, fällt hierbei gar nicht ins Gewicht.

Aber auch das Repräsentamen kann *als* Repräsentamen (*als* Schild) kaum beachtet werden (was sich andernfalls beispielsweise so ausdrücken könnte: »Aha – ein schönes Schild«). Es wird schlicht seine Anwesenheit registriert. Ebenso das geringfügig komplexere Wahrnehmungsurteil »Aha – da geht's zu einem Wirtshaus« soll unter diese Kategorie des unmittelbaren Interpretanten subsumiert werden: Auch wenn in diesem Fall eine Beziehung zwischen Repräsentamen und seinem Objekt hergestellt wird, kann die Reaktion darauf bei der reinen Feststellung ohne weitere Konsequenzen bleiben. Beim unmittelbaren Interpretanten geht es also um das unmittelbare, folgenlose Konstatieren von etwas Wahrgenommenem. Die beiden ins Gespräch vertieften Wanderer aus unserem Beispiel belassen ihre interpretatorische Leistung also bei diesem unmittelbaren Interpretanten.

Der zweite Interpretantentyp nach Peirce, der *dynamische Interpretant*, ist die konkrete Reaktion, die ein Repräsentamen hervorzurufen vermag. »Hurra! Ein Wegweiser zu Hotzenplotzens Räuberhöhle!« ist eine denkbare Form eines solchen dynamischen Interpretanten. Das Repräsentamen wird dabei konkret mit einem Objekt, das es indizieren mag (Wirtshaus), verknüpft. Zugleich betrifft die Reaktion die Vorstellung des Objekts (Wirtshaus), mit dem das Repräsentamen in Verbindung gebracht wird. Alle vorstellbaren, konkreten Reaktionen auf ein Repräsentamen gehören zu diesem Interpretantentyp. Bei diesem Typ der Reaktion geht es um die *faktische* Wirkung, die ein Repräsentamen verursacht: Spontane Freude, Erstaunen, ein Aufschrei oder Fluchtergreifen und dergleichen wären denkbare faktische Wirkungen, die über die pure Feststellung von etwas kategorial hinausgehen.

Der dritte Typ des Interpretanten, Peirce nennt ihn *finalen Interpretanten*, ist eine solche Wirkung, die eine gewohnheitsmäßige Reaktion hervorruft oder eine Verhaltensgewohnheit etabliert. Aus reiner Gewohnheit mag der Wanderer, wenn er den Wegweiser erblickt, den Weg zum angezeigten Wirtshaus einschlagen. Aus der Überzeugung heraus, Preise in Ausflugswirtshäusern seien überteuert, mag ein anderer Wanderer entsprechende Wegweiser als Einladung konsequent abweisen. Derartige routinierte Verhaltensgewohnheiten sind quasi-automatisierte Wirkungen. Sie resultieren aus Gewissheiten oder Überzeugungen über die Bedeutung des Zeichens.

Der erste Typ der Interpretanten ist also als Wirkung oder Bedeutung vage und unbestimmt; der zweite hingegen besteht in einer konkreten, faktischen Reaktion auf das Repräsentamen. Der dritte schließlich betrifft ein gewohnheits- oder sozusagen regelmäßiges Verhalten als Reaktion auf das Repräsentamen.

Die Wirkung eines Zeichens, also dieses triadischen Gefüges aus Objekt, Repräsentamen und Interpretant, konstituiert also allererst das Zeichen. Das heißt, erst der Interpretant bindet alle drei Konstituenten zu einem Zeichen zusammen. (Wenn keine Wirkung, dann sind sowohl Repräsentamen (Wegweiser) als auch Objekt (Wirtshaus) irrelevant.) Außerdem verfügen wir über drei denkbare, qualitativ verschiedene Formen dieser Wirkung, die wir verkürzt *Kognition*, *faktische Reaktion* und *gewohnheitsmäßiges Verhalten* nennen können. Alle drei Interpretantentypen können in derselben Situation ins Spiel kommen, wobei gilt: Ohne kognitive Wahrnehmung wäre keine faktische Reaktion möglich und ohne diese beiden wäre kein gewohnheitsmäßiges Verhalten als Wirkung des Zeichens möglich. Das gewohnheitsmäßige Verhalten kann dabei als eine gleichförmig immer wiederkehrende, habitualisierte faktische Reaktion verstanden werden. Wie sich derartige (Verhaltens-)Gewohnheiten oder Überzeugungen herausbilden können, wird in *Kapitel 2.1 (Wie werden aus Wirkungen Überzeugungen?)* genauer zu klären sein.

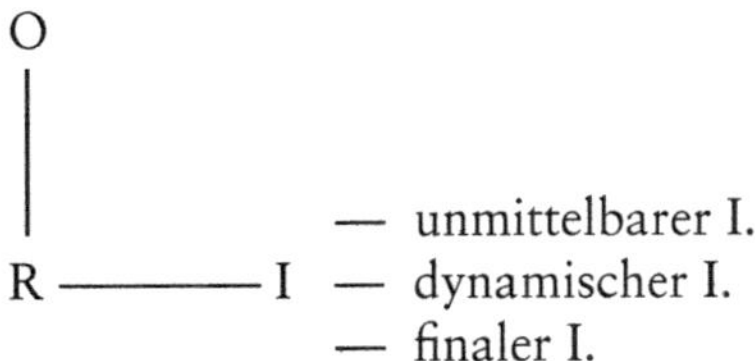

Abb. 2: Die drei Interpretantentypen

1.3 Eindrücke verarbeiten, bedeutet Schlüsse zu ziehen

Denken ist Peirce zufolge die interpretatorische Verarbeitung von Zeichen. Es vollzieht sich stets in Form von Schlussfolgerungen. Jeder Gedanke, jede Art von Gedanke, so flüchtig oder intensiv er auch sein mag, ist ein Schluss. Die in der Logik beschriebenen Schlussfolgerungsweisen sind in dem vorliegenden Zusammenhang wichtig, weil mit ihnen die verschiedenen, denkbaren Reaktionen auf Repräsentamen genauer bestimmt werden können.

Während mit den drei Interpretantentypen spezifiziert werden kann, wie weitreichend oder folgenreich denkbare Wirkungen von Repräsentamen sein können, also von der puren Kognition über die faktische Reaktion bis hin zu Gewohnheitsbildungen und Überzeugungen, so stellen die Schlussfolgerungsweisen Strategien dar, aus den Information, die ein Repräsentamen liefert, schlüssige Konsequenzen (also Wirkungen) abzuleiten.

Beginnen wir mit solchen Situationen, die, wie bereits ausgeführt, zumeist routinierte, halbautomatische Reaktionen hervorrufen. Diesen Wirkungen liegen deduktive Schlüsse zugrunde. Aufgrund unserer Sozialisation, unseres kulturellen Wissens etc. verfügen wir über ein breit gefächertes Regelwerk, um in bestimmten Situationen auf bestimmte Weisen zu reagieren, wobei diese abgespeicherten Regeln einfach abgerufen werden können, ohne lange darüber nachdenken zu müssen. Der im ersten Beispiel beschriebene Wanderer, der schon oft an vergleichbaren Wegweisern vorbei gekommen ist und daher davon ausgeht, mit den entsprechenden Schildern würden Ausflugswirtschaften angezeigt, schließt deduktiv. Er greift auf die im Laufe des Lebens erlernte Regel zurück: »Wo Wegweiser mit Aufschriften wie »Zur Räuberhöhle«, da Ausflugswirtschaft.« Das Resultat seiner Schlussfolgerung, wenn er nämlich diesem Hinweis folgt, demnächst auf eine Wirtschaft zu stoßen, wird aller Voraussicht nach eintreffen. Die Regel, die er anwendet, wird ihn ziemlich sicher zum Wirtshaus bringen, das Resultat wird ihn kaum überraschen, sondern vielmehr seinen Erwartungen entsprechen.

Im Alltag wird die Wirkung eines Zeichens infolge seiner deduktiven Interpretation in den meisten Fällen eine gewohnheitsmäßige sein, in der also eine bekannte Regel zu einer habituellen Reaktion führt. Hier sind also deduktive Schlussfolgerung und finaler Interpretant miteinander korreliert. Ausnahmen sind aber vorstellbar: Vielleicht hat sich der Wanderer verirrt und gerät auf seinen Irrwegen zum wiederholten Mal zu demselben Wegweiser. Zwar kann er ihn deduktiv deuten, aber seine Reaktion mag sich möglicherweise in Erschrecken darüber äußern, im Kreis gelaufen zu sein. Dieser Schreck wäre dann ein dynamischer Interpretant, eine spontane, faktische Reaktion.

Interessanter, aber weniger zuverlässig ist ein induktiver Schluss. Hier wird von vergleichbaren, einzelnen Vorfällen auf eine allgemeine Regel geschlossen. Ein wenig geübter Wanderer, der auf unseren Wegweiser trifft, wird eventuell folgendermaßen schließen: »Dieses Schild nennt eine »Räuberhöhle« und zeigt in diese Richtung. Nun kann ich mich erinnern, dass ich vor einiger Zeit auf einer Wanderung ein ganz ähnliches Schild gesehen habe. Kurz danach kam ich zu einem Wirtshaus.

Also könnte es sein, dass derartige Schilder immer dann aufgestellt werden, wenn auf Wirtshäuser in der Nähe hingewiesen werden soll. Also werde ich in die angezeigte Richtung gehen!« Von einzelnen vergleichbaren Vorfällen (Wegweiser) und den mit ihnen verbundenen Resultaten (Wirtshaus) wird also auf eine allgemeine Regel geschlossen (Wo Wegweiser, da Wirtshaus.).

Eine dritte Form des Schlussfolgerns ist in der klassischen Logik nicht vorgesehen. Peirce hat sie dennoch in der Semiotik eingeführt und kann zeigen, dass sie die spannendste, nämlich Neues erschließende Schlussfolgerungsweise darstellt, zugleich aber auch die unsicherste, also in gewissem Sinne eine waghalsige Schlussfolgerungsweise ist. Er bezeichnet sie als Abduktion. Abduktiv muss dann geschlossen werden, wenn man mit einem unerklärlichen Phänomen konfrontiert wird, das nicht als typischer Fall einer Regel wiedererkannt wird (Deduktion) und das man auch nicht mit ähnlichen Fällen abgleichen und so auf eine Regel schließen kann (Induktion):

Stell dir vor, du wanderst zum ersten Mal in deinem Leben im Gebirge, hoch oben über Almwiesen, über die keine befestigten Wanderwege mehr führen. Ein Geröllstein ragt aus der Wiese, oben an seiner Spitze ist mit roter Farbe ein Kringel aufgemalt.

Der rote Kringel stellt für den Wanderer ein völlig unerklärliches Phänomen dar. Er kann es nicht einordnen, so lange er auch in seinem (kulturellen) Gedächtnis sucht. Intuitiv wird er gleichwohl nach Erklärungsmodellen für dieses verblüffende Phänomen verlangen. Da kein Erklärungsmodell für dieses Phänomen in seinem Gedächtnis bereit liegt, wird er spontan eins erfinden. Er kann also weder von einer gegebenen Regel deduzieren noch von mehreren vergleichbaren Einzelfällen auf eine sie verallgemeinernde Regel induktiv schließen. Stattdessen muss er eine solche Regel spontan konstruieren, weil, *wenn* diese Regel zutreffen würde, *dann* wäre das zunächst unerklärliche Phänomen ein plausibler Fall von x. Eine solchermaßen konstruierte Regel ist eine Hypothese.

Die Unsicherheit abduktiver Schlüsse wird sich in den versuchsweise konstruierten Hypothesen des Wanderers zeigen (und erfahrene Bergwanderer werden darüber möglicherweise schmunzeln): »Räuber markieren geheime Treffpunkte mit roten Kringeln! Also sollte ich diesen gefährlichen Ort schnell verlassen!« Oder: »Geodäten vermessen auf diese Weise bebaubares Gelände! Also soll hier ein Gebäude oder eine Straße entstehen.« Oder: »Wenn im Gebirge keine befestigen Wege anzeigen, wo die Wanderroute verläuft, wird diese durch rote Kringel an feststehenden, gut sichtbaren Objekten markiert! Also bin ich noch auf dem richtigen Weg.«

Die probeweise aufgestellte Regel verwandelt das zunächst verblüffende Phänomen in einen plausiblen Fall. Denn wenn die hypothetisch angenommene Regel stimmt, dass Bergwanderwege mit farbigen Kringeln an Geröllsteinen markiert werden, dann wäre der Schluss plausibel, dass sich der Wanderer noch auf einer Wanderroute befindet.

(Natürlich wäre es auch denkbar, dass dieser Wanderer, der den aufgemalten, roten Kringel nicht einordnen kann, deshalb jeden weiteren Gedanken an ihn verwirft: In diesem Fall reduziert sich der Zeichenprozess wiederum auf reine Kognition. Der Wanderer nimmt ihn zur Kenntnis, ohne dass diese Wahrnehmung eine Wirkung oder Reaktion hervorrufen würde. Wenn er aber in dem Kringel eine Bedeutung vermutet und keine erklärende Regel parat hat, dann wird er eine erfinden müssen.)

Die Abduktion kann auch als Schluss von der Wirkung auf die Ursache beschrieben werden. Unter diesem Aspekt ist die Abduktion eine beliebte und berühmte Vorgehensweise von Detektiven in Detektivromanen geworden. Das Schema für den Beginn dieser Geschichten sieht in etwa so aus: »Da liegt eine Leiche. Wie ist es dazu gekommen? Es könnte sich Folgendes zugetragen haben: …«

Kehren wir ins Tal zurück. In den eingangs beschriebenen Beispielen mit dem Wegweiser fällt es schwer, sich eine Situation vorzustellen, in der ein solcher Wegweiser ein völlig verblüffendes, unerklärliches Phänomen darstellt, weil Wegweiser und ihre Funktion in unserer Kultur eben gut bekannt sind und die Deutungsspielräume hier nicht allzu groß sind. In allen oben beschriebenen Beispielen kann deduziert oder induziert werden – oder beides in Kombination. Versuchen wir es daher mit einem weiteren Beispiel:

> *Stell dir vor, dir begegnet nach einer Weile des Wanderns ein anderer Wanderer. Der trägt einen breitkrempigen, schwarzen Hut und in seinem Gürtel stecken Messer und eine Pfefferpistole.*

Das ist in der Tat überraschend und ein schnelles Abgleichen der Situation mit bekannten Regeln und Überzeugungen hilft nicht weiter, beispielsweise: »In dieser Gegend gibt es laut Reiseführer keine Räuber.« Oder: »Bei Karnevalsumzügen verkleiden sich die Leute.« Das Ausscheiden solcher Regeln als zufriedenstellendes Erklärungsmodell macht das Phänomen aber nur um so unerklärlicher (und durchaus beunruhigend). Daher müssen also Hypothesen entwickelt werden, die das Phänomen erklären könnten. Eine Hypothese könnte – eingedenk des kurz zuvor gesehenen Wegweisers – wie folgt aussehen: »Ausflugswirtschaften machen, wie viele Freizeitunternehmen, teilweise unkonventionelle Werbung. Wenn es daher zutrifft, dass die mit dem Wegweiser angezeigte Wirtschaft »Zur Räuberhöhle« mit ungewöhnlichen Marketingmethoden arbeitet, dann wäre es durchaus plausibel, einem Mitarbeiter in Hotzenplotz-Kostüm zu begegnen!« Diese Regel, die hier hypothetisch aufgestellt wird, ist zwar durchaus plausibel, aber trotzdem äußerst unsicher und es bleibt für den Wanderer zu hoffen, dass er mit ihr richtig liegt.

Die Abduktion ist noch aus einem weiteren Grund äußerst unsicher. Sie versucht, ein unerklärliches Phänomen als einen plausiblen Fall, also als ein bestimmtes Faktum, zu erklären. Streng genommen wird – wie in unserem Beispiel – mit der Erfindung einer hypothetischen Regel (»Wirtshäuser werben auf unkonventionelle Weise.«) *zugleich* eine »Tatsache« als Fall erfunden (»Mitarbeiter in Hotzenplotz-Kostüm«), die an sich noch höchst unsicher ist. (Es könnte sich nämlich auch um einen wirklichen Räuber handeln! Und das würde die gesamte Situation drastisch verändern.) Das bedeutet, dass bei der Abduktion nicht nur die erfundene oder spontan ausprobierte Regel hypothetisch ist, sondern auch der daraus geschlossene Fall als – mögliche – Tatsache. Die Konklusion in der Abduktion (»Mitarbeiter in Hotzenplotz-Kostüm«) verhält sich also in strikter Abhängigkeit zu der hypothetischen Regel. Deshalb muss eine Abduktion einer nachfolgenden Prüfung unterzogen werden, um Regel *und* Fall zu bestätigen oder zu widerlegen. (In unserem Beispiel könnte der Wanderer den seltsam gekleideten Mann auch einfach fragen ...)

Auch wenn die Abduktion als dritte Schlussfolgerungsweise neben Deduktion und Induktion in der klassischen Logik nicht anerkannt wird, wird deutlich, welch ungemein wichtigen Status sie im Prozess des Zeichenbildens, also des Denkens, einnimmt. Alle Forschung, sei sie privater oder wissenschaftlicher Natur, startet mit Hypothesen. Immer geht es hierbei darum, unerklärliche Phänomene als plausible Fälle neuer Regeln und Gesetze erklärbar machen zu können. Natürlich ist es notwendig, derart probehalber aufgestellte, neue Regeln dann einer genauen (deduktiven und induktiven) Prüfung zu unterziehen: Lassen sie sich bestätigen oder können sie wiederholt Anwendung finden? Kann die neue Regel nicht bestätigt werden, so sollte sie verworfen werden.

In jedem Fall ist es sinnvoll, sich darüber Rechenschaft ablegen zu können, wie man zu den Regeln gelangt, die man auf bestimmte Phänomene anwenden möchte. Unsere Denkwege werden dabei möglicherweise von Kommentaren begleitet wie: »Das ist mal wieder ein typischer Fall von...« (Deduktion), »Es scheint hier üblich zu sein...« (Induktion) oder »Was ist X?! Nun, wenn Y gelten würde, dann wäre X eine Selbstverständlichkeit!« (Abduktion).

Auch die schwächste Reaktion auf ein Repräsentamen (Kognition) stellt, wie wir weiter oben festgestellt haben, ein Wahrnehmungsurteil dar, denn was immer unser Bewusstsein erreicht, ist zumindest ein gewisser Reiz bzw. eine Irritation unserer Wahrnehmung. Je größer die Irritation ist, die von einer Wahrnehmung ausgeht, desto wichtiger und entscheidender werden die Strategien der Urteilsfindung, also der Schlussfolgerungen, zu denen sie uns veranlasst. Wobei Wahrnehmungsurteile bzw. Schlussfolgerungen zumeist aufgrund einer ganzen Reihe von zusammengetragenen Indizien und Prämissen zustande kommen, also als komplexe Prozesse zu betrachten sind.

Mit den bisherigen Überlegungen, die sich allein mit den denkbaren Wirkungen von Zeichen befasst haben, wurde den Fragen nach der »Natur« des Zeichens ausgewichen. Ausgehend von der Annahme des konstitutiven Anteils der praktischen Wirkung bzw. der Reaktion am Zustandekommen eines Zeichens wird deutlich, dass die Frage nach der »Natur« des Zeichens eine in gewissem Sinne irreführende Frage wäre.

Die Frage nach der Natur der Zeichen hängt nicht zuletzt mit einer Tendenz der wissenschaftlichen Tradition in Europa zusammen, Semiotik, also die Wissenschaft von den Zeichen, mit Linguistik, also Sprachwissenschaft, gleichzusetzen. Demnach würden in den Aufgabenbereich von Semiotik Sprache und handliche, wohl definierte Worte fallen. Aber sprachliche Zeichen bilden nur einen sehr kleinen und begrenzten Teilbereich aller denkbaren Zeichensysteme oder Zeichenuniversen. Völlig unabhängig von dieser europäischen Tradition, die auf den Linguisten Ferdinand de Saussure zurückgeht, hat Peirce in Amerika seine ganz eigenständige Semiotik entwickelt und dieser einen umfassenden Zeichenbegriff zugrunde gelegt, der weit über sprachliche Zeichen und sogar über die Vorstellung von Zeichen als kulturellen Hervorbringungen im Allgemeinen hinausgeht.

Aus diesem Grund wurde in den Ausgangsbeispielen dieses Buchs immer wieder der Wegweiser herangezogen: Bei ihm handelt es sich um ein relativ komplexes Zeichen, das eine Menge kulturellen Wissens voraussetzt, um als Wegweiser überhaupt begriffen werden zu können. Dass ein Wegweiser aber etwa auch ohne Beschriftung, also ohne ein zusätzliches, damit verbundenes sprachliches Zeichen auskommt, konnte mit dem Beispiel des auf einen Stein aufgemalten roten Kringels als Wegmarke im Gebirge gezeigt werden. So ist also davon auszugehen, dass es nicht nur einen einzelnen Indikator, einen Reiz oder Impuls geben muss, der als Anlass fungiert, ein Zeichen darin zu erkennen, sondern dass Zeichen vielmehr zumeist aus recht vielschichtigen und komplexen Gebilden aus Reizen und Wahrnehmungselementen konstituiert werden. Nicht nur ein Wort kann als Zeichen fungieren, sondern auch eine Handbewegung, der Stand der Sonne am Himmel, das Vorkommen einer bestimmten Vegetation in einer Landschaft, das Bellen eines Hundes; ein Buch kann ein Zeichen sein, eine Stadt, eine gesellschaftliche Modeerscheinung.

Ich begegne einem Menschen, der mich freundlich anlächelt. Ich halte das für ein Zeichen seiner Wohlgesonnenheit. Widerfährt dasselbe aber etwa einer Figur in einem Kafka-Roman, so wäre ihre Deutung einer solchen Miene vermutlich ziemlich trügerisch.

Ich nehme ein leises, gleichmäßiges Klopfen an der Fensterscheibe wahr. Ich glaube daher, dass es regnet. Folglich kann tatsächlich alles, was auf irgendeine Weise unseren Geist erreicht, als Zeichen wirken.

Die Frage, was ein Zeichen an sich *sei*, hängt aber auch im weitesten Sinne mit dem abendländischen Erkenntnisinteresse zusammen, Dinge identifizieren zu wollen, sich also mit dem Sein der Dinge auseinanderzusetzen. Im Zuge der postmodernen Philosophien speziell der 60er und 70er Jahre des letzten Jahrhunderts, aber auch im Zusammenhang mit dem sogenannten *linguistic turn* galt es als besondere Errungenschaft, überall Zeichen zu entdecken, nicht nur sprachliche Zeichen wurden untersucht, sondern die Architektur, die Mode, alle möglichen kulturellen Phänomene wurden als »Text« entdeckt, den es zu entziffern galt. Im Grunde wurden alle möglichen kulturellen Phänomene auf diese Weise »versprachlicht«. Vor allem aber basierten all diese Untersuchungen auf der Vorstellung, es *gebe* überall Zeichen, man müsse sie nur erkennen.

Wie inzwischen klar geworden sein dürfte, wird diese Grundannahme in der hier vorliegenden Arbeit – und in der Nachfolge der Semiotik von Peirce – nicht geteilt. Diese Grundannahme würde nämlich die Idee implizieren, dass irgendwann einmal alle Zeichen in ihrer Gesamtheit entdeckt sein werden. Geht man indessen von der hier bevorzugten Annahme aus, dass Zeichen erzeugt werden, so kann damit erklärt werden, warum das Zeichenuniversum ein evoluierendes ist, warum es, mit anderen Worten, keinen Grund zur Annahme gibt, dass nicht immer wieder neue Zeichen konstruiert und damit neue Wirklichkeitsbereiche erschlossen werden können. Das führt in herausragender Weise Kunst vor. Und es gibt wirklich keinen plausiblen Grund dafür, anzunehmen, dass die Kunst mit ihren Ausdrucksformen je an ein Ende kommen sollte, weil irgendwann alle Zeichenvorräte erschlossen sein könnten. Wie in der Kunst, so gibt es aber auch in der Alltagswelt keinen Grund dafür, anzunehmen, es gäbe ein bestimmtes Inventar an Zeichen, das irgendwann einmal komplett entdeckt und damit erschöpft sein könnte – und nichts anderes verbirgt sich schließlich hinter der Vorstellung, Zeichen seien etwas bereits Vorhandenes, zu Entdeckendes. Es gibt, so soll hier behauptet werden, keine Begründung dafür, mit der Interpretation eines beliebigen Objekts an irgendein Ende gelangen zu können.

Worin liegt also der Vorteil bei der Vorstellung der Konstruiertheit von Zeichen? Die praktische Wirkung eines Zeichens unmittelbar in den Zeichenbegriff einzubeziehen, hilft dabei, konkrete zeichenhafte bzw. diskursive Situationen einschätzen zu können. Dem theoretischen Wissen um die Zusammenhänge zwischen einem Zeichen im engeren Sinne, also dem Zeichenmittel oder Repräsentamen, und dem von ihm bezeichneten Objekt allein mangelt es an der Einsicht darüber, warum und inwiefern Zeichen in unterschiedlichen Situationen oder unter unterschiedlichen Perspektiven von völlig anderem Charakter sein können. Erst die praktische Wirkung, die ein Zeichen jeweils situativ erzielt, macht seine Bedeutung aus, genauer: Was ein Zeichen in uns jeweils bewirkt, ist die ganze Bedeutung, die das Zeichen für uns hat.

Diese Auffassung hilft also dabei, dafür ein Verständnis zu entwickeln, warum es unter Umständen schwierig sein kann, sich auf die Bedeutung eines Begriffs oder Konzepts zu einigen, oder anders herum, warum es nicht sinnvoll wäre, auf der anscheinend »objektiv« geltenden Bedeutung eines Zeichens oder Begriffs zu beharren oder diese in kommunikativen Situationen vorauszusetzen. Die Notwendigkeit, nachzufragen »Was bedeutet das für dich?«, mag in vielen Lebensbereichen durchaus als selbstverständlich erscheinen, gleichwohl ist es sinnvoll, diese Alltagserfahrung semiotisch als grundsätzliche Problemlage fundieren zu können: Zeichen sind keine objektiven Entitäten, die wir »neutral« verwenden können, vielmehr bilden wir sie situativ und stets nur unter bestimmten Hinsichten. Wenn wir den hier vorgeschlagenen, semiotischen Perspektivwechsel akzeptieren und anerkennen, dass Zeichen erst mit und durch ihre Wirkungen konstituiert werden, dann wird verständlich, dass erst unsere Involviertheit und damit unsere Reaktion auf Wahrnehmungen Zeichen hervorbringen.

Grundsätzlich also gilt das Wort der Dichterin Gertrude Stein in dem Gedicht *Sacred Emily*: »Rose is a rose is a rose is a rose«.

1.4 Das Zeichen im engeren Sinne: Ikon, Index, Symbol

Bisher wurde untersucht, dass und inwiefern ein Zeichen nur als Zeichen fungieren kann, wenn es als Zeichen interpretiert wird, wenn ihm eine Bedeutung beigemessen wird. Gleichwohl ist der Impuls, der Reiz oder das Signal – oder auch ein komplexes Gefüge verschiedener Reize und Signale –, also der Anlass für solche interpretatorischen Leistungen, eine eigenständige Konstituente des Zeichens. Im Folgenden soll es daher um das Zeichen im engeren Sinne, also um das Repräsentamen gehen. Das Repräsentamen ist, vereinfachend und verkürzt ausgedrückt, in etwa das essenzielle oder auch materielle Substrat des Zeichens. (In unseren Beispielen: das Holzschild als Wegweiser.) Es ist wichtig, im Hinterkopf zu behalten, dass das Repräsentamen nicht mit dem Zeichen insgesamt verwechselt werden darf, denn als was ein Repräsentamen schließlich interpretiert wird, was also insgesamt als Zeichen Form annimmt, hängt wesentlich vom Interpretanten ab. Dennoch verfügt das Repräsentamen über verschiedene Möglichkeiten, sein Objekt zu repräsentieren und der Interpretant kann diese Möglichkeiten des Repräsentamens seinerseits deuten. Beide Konstituenten, der Interpretant und das Repräsentamen, sind also an der Art und Weise beteiligt, wie ein Objekt des Zeichens, also das Gemeinte, repräsentiert wird.

Das Repräsentamen unterteilt Peirce in verschiedene Zeichenklassen, die sich aus der bisher entwickelten Systematik ergeben. Da das Zeichen aus den drei Konstituenten, Objekt, Repräsentamen und Interpretant, besteht, kann das Repräsentamen auf alle drei Konstituenten (also auch auf sich selbst) Bezug nehmen. Das Repräsentamen kann dementsprechend also einen Objektbezug, einen Zeichenmittelbezug und einen Interpretantenbezug herstellen. Die Arten wie das Repräsentamen sich auf Objekte des Zeichens (also auf das vom Zeichen Gemeinte) beziehen können, sind dabei die interessantesten, sie sollen im Folgenden genauer untersucht werden.

Nur der Vollständigkeit wegen sollen alle drei Bezugsformen vorab kurz vorgestellt werden. Eine Form, wie sich ein Zeichen auf sein Objekt beziehen kann, wird in unserem Beispiel des Wegweisers intuitiv klar: Der Wegweiser *zeigt* sein Objekt *an*, der Wegweiser weist den Weg zum Wirtshaus. Das Repräsentamen kann aber auch einen Zeichenmittelbezug herstellen, gemeint ist damit also der Bezug auf das Repräsentamen selbst. Mit dem Begriff Zeichenmittel soll also dieses »materielle Substrat« des (An-)Zeichens bezeichnet werden: Die rote Farbe des auf den Fels gezeichneten Kringels ist eine sehr vage »Verkörperung« des Kringels als bedeutsamen Zeichens. Auch die Form des Kringels verweist auf den Zeichencharakter des Zeichens. Die dreieckig zulaufende Spitze des Wegweisers verweist auf die eigene Zeichenhaftigkeit als Wegweiser. Im Zeichenmittelbezug des Repräsentamen wird also die Zeichenhaftigkeit des Repräsentamen thematisiert.

Der Interpretantenbezug hingegen thematisiert die Logizität eines Zeichens. Ein Wort beispielsweise (wie »Baum«) bezeichnet die logische Möglichkeit des Benennens eines Objekts, es ist an sich weder wahr noch falsch. Eine Behauptung hingegen ist eine logisch wesentlich konkretere Form und kann wahr oder falsch sein. Ein Argument oder ein logischer Syllogismus ist schließlich eine streng regelhafte Form, einen Sachverhalt korrekt auszudrücken. Mit dem Interpretantenbezug wird gewissermaßen das logische Deutungspotenzial eines Zeichens thematisiert.

Diese Bezugsformen des Repräsentamen machen nicht »das Wesen« des Zeichens im engeren Sinne aus, sie akzentuieren nur bestimmte Aspekte des Zeichenbezugs. Wie immer hängt alles von der Interpretation ab: Das Wort »Baum« kann natürlich dazu verwendet werden, einen bestimmten Baum in der Wirklichkeit zu bezeichnen – damit würde der Objektbezug des Repräsentamen hervorgehoben. Zugleich kann aber auch die Lautfolge »B a u m« betrachtet, also die Zeichenhaftigkeit des Repräsentamen thematisiert werden. Denkbar wäre auch, dass ich das gedruckte Wort »Baum« in verschiedenen Schrifttypen vergleiche, um beispielsweise zu bestimmen, welche Schrift für mein Empfinden die Leserlichkeit des Wortes erhöht – auch in diesem Fall thematisiere ich den Zeichenmittelbezug des Repräsentamen. Ich sehe den Wegweiser und in meinem Geist erscheint die Vorstellung einer Ausflugswirtschaft. Das Repräsentamen dient mir hier dazu, das gemeinte Objekt zu visualisieren; der Wegweiser selbst tritt in meiner Wahrnehmung dabei möglicherweise völlig in den Hintergrund und dient meiner Vorstellung nur als eine Art Vehikel. Ich kann den Wegweiser aber eben auch in seiner handwerklichen Machart bewundern. Hier betrachte ich das Repräsentamen in seiner substantiellen Verkörperung (wobei ich dann seine »Aufgabe«, nämlich den Weg zu weisen, möglicherweise gar nicht beachte).

Die wichtigste Unterteilung der Zeichenklassen ist jedoch der Objektbezug des Repräsentamen (weshalb die Spalten unter Zeichenmittel- und Interpretantenbezug in der folgenden Abbildung der Einfachheit halber leer gelassen werden. Sie brauchen uns nicht weiter zu kümmern). In der Peirce'schen Semiotik werden wiederum drei qualitativ verschiedene Formen des Repräsentamen unterschieden, die diese Beziehungen zum Objekt, also zu dem vom Zeichen Gemeinten, spezifizieren. Peirce zufolge gibt es *ikonische*, *indexikalische* und *symbolische* Repräsentamen im Objektbezug.

Objektbezug	**Zeichenmittelbezug**	**Interpretantenbezug**
Ikon		
Index		
Symbol		

Abb. 3: Die drei Formen des Objektbezugs des Repräsentamen

Da unsere bisherigen Beispiele alle um einen Wegweiser kreisten, beginnen wir am besten bei diesem Typ von Repräsentamen, nämlich dem indexikalischen Zeichen. Ein Index, das deutet der Begriff bereits an, steht in einem konkreten, hinweisenden Bezug zu seinem Objekt. Es gibt einen faktischen, also beispielsweise physikalischen oder kausalen Zusammenhang zwischen Repräsentamen und seinem Objekt. Der Wegweiser zeigt tatsächlich in die Richtung, in der sich das Wirtshaus befindet und stellt auf diese Weise einen konkreten Zusammenhang mit seinem Objekt her. Auf dieselbe Weise funktioniert ein ausgestreckter Zeigefinger, der auf ein bestimmtes Objekt deutet, oder beispielsweise ein Wetterhahn, der die Windrichtung indiziert. Das Symptom, das in der Medizin als Anzeichen für eine bestimmte Krankheit gedeutet wird, ist ein Index. »Wo Rauch, da Feuer!« wäre ein weiteres Beispiel für ein indexikalisches Zeichen. Oder auch: Wo ein Fußabdruck gesehen wird, da muss jemand vorbeigegangen sein.

Indexikalische Zeichen stellen insofern immer einen konkreten, zuweilen zwingenden Zusammenhang zwischen sich und ihrem Objekt her, auch wenn wir uns dabei über die wahre Natur des Objekts gleichwohl täuschen können. Aber die *Relation* zwischen Zeichen und Objekt ist definitiv vorhanden. (Der Fußabdruck könnte möglicherweise auch von einem Riesenaffen stammen, dessen Füße menschlichen Füßen ähneln. Wo Rauch aufsteigt, könnte auch ein Raucher stehen oder ein kleiner Vulkan. Das Wirtshaus, auf das ein Wegweiser verweist, kann auch einfach nicht existieren. Dann wird der Wanderer durch den Index getäuscht. Aber diese Täuschung ist nur deshalb eine, *weil* die Zeichenfunktion des Indexes eben auf das Objekt »Wirtshaus« verweist, also an sich intakt ist.)

In der triadischen Zeichenkonstitution hängt der Index also insbesondere vom Objekt ab, mehr als das Ikon oder das Symbol, wie zu zeigen sein wird.

Peirce geht hier noch einen Schritt weiter: Ein reiner Index ist für ihn ein vollständiges Zeichen, auch wenn er strenggenommen keinen Interpretanten benötigt. Sein Beispiel für einen solchen Index ist eine Tonscherbe mit einem Einschussloch: Das Einschussloch ist ein eindeutiger Hinweis darauf, dass auf die Tonscherbe geschossen wurde. Dieser Index ist also da, auch wenn niemals irgendjemand diese Tonscherbe mit Einschussloch wahrnehmen wird. Aber diese Betrachtungen sind philosophischer Natur. Hier soll es vielmehr um den pragmatischen Aspekt von Zeichenhandeln gehen, weshalb auf der Wichtigkeit des Interpretanten bestanden werden soll. Wenn also eine Tonscherbe mit Einschussloch niemals ins Bewusstsein irgend jemands gelangt, so ist dieser Index aus der hier vorgeschlagenen Perspektive irrelevant. Er wird das Zeichenhandeln niemals beeinflussen. Die Idee eines Index ohne Interpretant kann also vernachlässigt werden, da solche Indices im Grunde nur Gedankenexperimente darstellen. Wir hätten von den konkreten Zeichen schlicht keine Kenntnis, das Zeichen könnte keine Wirkung entfalten. Sobald über einen solchen Index nachgedacht wird, nimmt die »Idee eines Index ohne Interpretant« ihrerseits allerdings bereits wieder einen anderen zeichenhaften Charakter an – und zwar dezidiert durch die Wirkungen, die diese Idee in uns auslöst, sobald wir uns mit ihr beschäftigen. Ein Zeichen, das nie wahrgenommen wird, ist etwas anderes als die (philosophische) Idee von einem Zeichen, das nie wahrgenommen wird.

Das Symbol ist ein Zeichen (Repräsentamen), das per Konvention beschlossen wurde. Sprachliche Zeichen sind Symbole. Es hängt, anders als der Index, nicht von dem Objekt ab, auf das es sich bezieht. Justitia mit verbundenen Augen und Waage und Schwert in der Hand verweist auf kein Objekt, das in faktischer Verbindung mit ihr stünde: Es geht bei Justitia nicht um eine Frau mit verbundenen Augen und es geht auch nicht um die Richtung, in die sie mit ihren verbundenen Augen möglicherweise blicken mag, sondern um das Rechtswesen. Dass sie Attribute des Rechtswesens symbolisiert, trifft allein deshalb zu, weil man sich darauf geeinigt hat, dass sie dies eben tut.

Das Wort »Pferd« ist ein Symbol, weil es vollkommen arbiträr ist: Die Zeichen- oder Lautfolge steht in keinem faktischen Zusammenhang mit dem von ihm bezeichneten Tier. Das Wort »Pferd« weist auch keinerlei Ähnlichkeit mit einem Pferd auf. Im Symbol treffen wir wieder auf all das Gesetz-, Regel- oder Gewohnheitsmäßige, das wir beim finalen Interpretanten und beim deduktiven Schließen kennengelernt haben.

Anders als beim Index, der vor allem von seinem Objekt abhängt, ist für das Symbol der Interpretant entscheidend. Das gilt, wie gezeigt wurde, zwar für alle Zeichen, aber beim Symbol tritt diese Eigenschaft am eklatantesten hervor, denn die Konvention, die hier die Bedeutung bzw. die Wirkung des Zeichens bestimmt, ist das *einzige*, das den Bezug des Symbols zu einem möglichen Objekt gewährleistet.

Anders als der Index mit seiner Verweisfunktion liefert das Symbol selbst keinen Hinweis auf sein Objekt. Nichts spricht dafür, dass eine Frau mit verbundenen Augen das Rechtswesen symbolisieren sollte, außer, dass wir es eben gewohnt sind, sie so zu interpretieren. Nichts spricht dafür, dass eine Lautfolge wie »Pferd« sich auf jene Tiere beziehen müsste, außer, dass wir uns darauf verständigt haben, diese schönen Tiere eben so zu nennen und nicht anders.

Das Ikon schließlich ist ein Repräsentamen, das seinem Objekt in gewisser Weise ähnelt. Jede Abstraktion ist ikonisch: Ein gezeichnetes Dreieck besitzt die Eigenschaft »Dreieckigkeit«, die es durch Ähnlichkeit mit allen vorstellbaren Dreiecken teilt, selbst dann, wenn genau diesem Dreieck, das hier gezeichnet ist, kein Dreieck in der Wirklichkeit entspricht. Ein Smiley ist ein Ikon, denn es ähnelt einem menschlichen, lächelnden Gesicht, auch wenn es auf der ganzen Welt kein einziges menschliches Gesicht gibt, das aussieht wie ein Smiley. Piktogramme sind ikonisch: Sie zeigen stark stilisierte Objekte, die sofort wiedererkannt werden können, obwohl sich die Ähnlichkeit auf wenige und teilweise nur angedeutete Merkmale beschränkt. Das in Wetterberichten beispielsweise gezeigte Ikon für eine Schneeflocke zeigt zwar eine typische, kristalline Form, aber es gibt nirgends auf der Welt eine Schneeflocke, die so aussieht wie dieses Ikon. Das Ikon *zeigt* also sein Objekt, wobei das Objekt so, wie es im Ikon gezeigt wird, gar nicht existieren muss.

Im Extremfall zeigt das Ikon daher nur sich selbst. Abstrakte Kunst tendiert dazu, in diesem Sinne vollkommen ikonisch zu sein. Ein monochrom blaues Gemälde von Yves Klein zeigt vor allem: ein monochrom blaues Gemälde von Yves Klein und nichts sonst. Ein Ikon als Repräsentamen muss also nicht auf etwas anderes außer sich selbst verweisen und kann dennoch ein Zeichen sein.

Zwingend für die Vollständigkeit des Zeichens ist beim Ikon der Interpretant ebenso wie beim Symbol. Ein Ikon benötigt sozusagen zur »Entfaltung« seiner Ikonizität, also der Ähnlichkeit mit einem Objekt, einen Interpretanten, der diese Ähnlichkeitsrelation erst herstellt. Tatsächlich ist Ähnlichkeit also eine Sache der Interpretation, nicht der Zeichen oder der bezeichneten Objekte. Erst wenn ein Smiley mit einem menschlichen Gesicht assoziiert wird, wird dadurch Ähnlichkeit konstituiert. Ein schönes Beispiel aus der Kunst kann genauer illustrieren, was damit gemeint ist: Pablo Picasso montierte einen Fahrradlenker auf einen Fahrradsattel und nannte diese Skulptur »Stierkopf«. Dieses Beispiel verdeutlicht, dass die Ähnlichkeit zwischen der Skulptur und einem Stierkopf allein durch die von Picasso geleistete Assoziation zustande kam. Erst weil Picasso diese Assoziation herstellte, kann nun jeder Betrachter dieser Skulptur deren Ähnlichkeit mit einem Stierkopf erkennen. Rohrschachttests machen sich diesen Umstand zunutze: Bestimmte Tintenklecksmuster werden einem Probanden gezeigt und dieser soll sie deuten, also Ähnlichkeiten zu bestimmten Objekten herstellen bzw. die Kleckse mit bestimmten Objekten assoziieren. Erst unter dieser hier eingenommenen Perspektive, der zufolge nicht die Zeichen oder Dinge »an sich« sind, wie sie sind, sondern sich wechselseitig konstituieren, wird deutlich, dass auch Ähnlichkeit keine intrinsische Eigenschaft von Objekten und Zeichen sein kann, sondern etwas ist, das per Assoziation zwischen Zeichen und Objekten hergestellt wird, also durch eine gedankliche Leistung. Qualitäten werden immer nur als das wahrgenommen, was sie für den Wahrnehmenden sind, ohne Bezug auf etwas anderes. Erst die Assoziation zweier Qualitäten miteinander stiftet Ähnlichkeit.

Zusammenfassend kann also festgestellt werden, dass sich die drei Klassen des Repräsentamen durch ihre jeweils spezifische Relation zu ihrem Objekt charakterisieren lassen: Beim Ikon beruht diese Relation auf Ähnlichkeit, beim Index auf einer »faktischen« Verbindung (Kausalität etc.), das Symbol hingegen benötigt solche Relationen zum Objekt nicht, es hat gar keine, allein die Konvention stellt seine Verbindung zum Objekt her.

Bei genauerer Betrachtung erweist sich aber auch beim Repräsentamen, was schon beim Interpretanten des Zeichens gezeigt werden konnte: Auch wenn wir das Repräsentamen als Zeichenmittel, als das – im weitesten Sinne – essenzielle Substrat des (triadischen) Zeichens auffassen, so ist auch ein Repräsentamen nicht »an sich« das, was es ist. Es hängt vom Interpretanten ab, ob ein Repräsentamen als Ikon, Index oder Symbol interpretiert wird bzw. als solches Wirkung entfaltet. Aber wenn ein Repräsentamen als Anzeichen für ein Objekt aufgefasst wird, dann wird es in diesem Objektbezug entweder ikonisch, indexikalisch oder symbolisch sein. Der Wegweiser kann als reines Ikon wahrgenommen werden: Dann wird beispielsweise seine besondere Machart, seine Schönheit, seine Form thematisiert, er wird als Exemplar eines Wegweisers betrachtet. Als Index fungiert der Wegweiser, wenn er schlicht als Hinweis auf ein Wirtshaus aufgefasst wird. Als Symbol kann er fungieren, wenn er Anlass zu allgemeinen Betrachtungen über die Markierungsformen in kultivierten Ausflugsgegenden liefert oder wenn er beispielsweise als Symbol für zivilisatorische Tätigkeiten betrachtet wird. Diese verschiedenen Funktionen können natürlich auch in Kombination miteinander Wirkungen hervorbringen. Auch wenn der Wegweiser als besonders schönes Artefakt, also für seine ikonischen Eigenschaften gewürdigt wird, kann er außerdem zugleich die Reaktion hervorrufen, seinem Hinweis auf das Wirtshaus zu folgen, womit seine indexikalische Qualität zum Tragen kommt.

Ein Wegweiser könnte aber auch zunächst einmal als bloßer Index dafür betrachtet werden, dass hier jemand gewesen ist, der ihn aufgestellt hat. Wäre dies nicht der Fall, so gäbe es hier keinen Wegweiser. Dass der Wegweiser tatsächlich auf ein Wirtshaus hinweist, wäre bei genauerer Betrachtung also ein symbolischer Index, ein Index per Konvention (weil wir vereinbart haben, auf diese Weise Objekte aus einiger Entfernung zu beschildern).

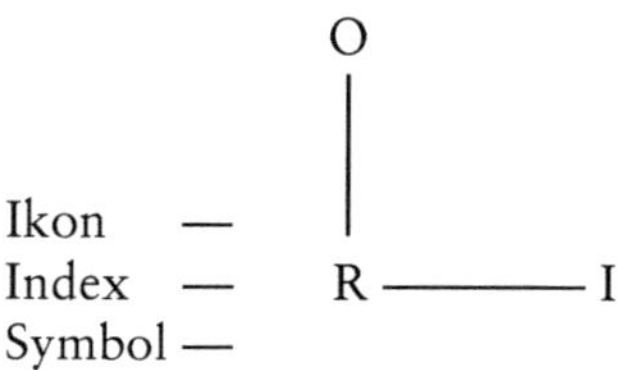

Abb. 4: Die drei Klassen des Objektbezugs des Repräsentamen

1.5 Was sind die Objekte unserer Erfahrung?

Natürlich geht es bei allem Zeichenerzeugen und -verwenden darum, uns auf Objekte der Wirklichkeit (oder unserer Vorstellung) beziehen zu können. Wie gesehen, können Objekte aber nur dann in Erscheinung treten, sofern sie Gegenstand unserer Wahrnehmung werden. Das Objekt des Zeichens ist in der Peirce'schen Semiotik genuiner Bestandteil des triadischen Zeichens. Dies wird intuitiv klar, wenn man sich Objekte vorstellt, die nicht schlichte Gegenstände der Alltagswelt sind, sondern beispielsweise abstrakte Ideen, Einbildungen, Romantheorien, »die Lyrik des Mittelalters« und dergleichen. Das bedeutet, dass in der Peirce'schen Semiotik nicht einfach Zeichen und Objekte einander gegenüberstehen. Das Objekt eines Zeichens ist nichts »außerhalb« des Zeichens.

Diese Behauptung hat weitreichende Folgen nicht nur für den Zeichenbegriff, sondern auf für die Vorstellung von den Objekten der Wirklichkeit; sie muss deshalb gut begründet werden.

Wie bereits die Beispiele mit dem Wegweiser gezeigt haben, sind Repräsentamen und Interpretant wechselseitig aufeinander bezogen, wodurch Bedeutung hervorgebracht werden kann. Damit ist aber noch nicht der Status der Objekte geklärt, auf die Zeichen sich beziehen, also das jeweils vom Zeichen Gemeinte. Konsequenterweise unterscheidet Peirce zwei Typen von Objekten, nämlich zum einen das Objekt wie es im Zeichen selbst dargestellt wird, das ist das *unmittelbare Objekt*, und das Objekt, wie es in Wirklichkeit tatsächlich sein mag, das ist das *dynamische Objekt*.

Die unmittelbaren Objekte kamen implizit bereits ins Spiel, indem die drei grundlegenden Typen von Repräsentamen, Ikon, Index und Symbol untersucht wurden, die den Objektbezug des Zeichens charakterisieren. In den Repräsentamen erkennen wir die gemeinten Objekte. Diese Darstellungen können recht genau, aber auch ziemlich vage sein. Der Roman *Ulysses* von James Joyce kann insofern als ein ziemlich detailliertes Zeichen der Stadt Dublin zu Lebzeiten von Joyce aufgefasst werden. Gleichwohl ist es eine extrem perspektivische Darstellung von Dublin und bei weitem nicht alles, was über diese Stadt gesagt werden kann, um sie umfassend zu repräsentieren.

Ein Smiley beispielsweise ist hingegen eine ziemlich vage Darstellung eines menschlichen, lächelnden Gesichts. Das bringt uns zum dynamischen Objekt nach Peirce: Das Objekt, wie es in Wirklichkeit tatsächlich sein mag, kann von Zeichen niemals umfassend dargestellt werden.

Jedes Objekt kann auf unendlich vielfältige Weisen perspektiviert oder thematisiert werden und es gibt keinen logischen Grund dafür, dass eine Beschreibung oder Darstellung, wie umfassend sie auch immer sein mag, ihr Objekt gänzlich erfassen könnte. Anders formuliert: Wir haben nie mehr als bestimmte Perspektivierungen von Objekten, die notgedrungen immer andere, ebenfalls mögliche Perspektivierungen ausblenden.

Kehren wir zu unserem Beispiel mit dem Wegweiser zurück: Obwohl gezeigt werden konnte, welch vielfältige Wirkungen und Reaktionen der Wegweiser hervorrufen kann, die alle mit dem Bezug auf das von ihm angezeigte Wirtshaus in Zusammenhang stehen, so wissen wir doch über das Objekt selbst, das Wirtshaus, noch so gut wie gar nichts. Zwar werden die meisten Wanderer in dem Wegweiser einen Hinweis auf eine Ausflugswirtschaft sehen, aber wie diese Wirtschaft in Wirklichkeit sein mag, klein oder groß, gemütlich, ländlich oder räuberhöhlenartig eingerichtet, gut besucht oder auch nicht, ist unklar.

Dass der Wegweiser mit der Aufschrift »Zur Räuberhöhle« nur sehr vage Auskunft gibt über das Objekt, nämlich das Wirtshaus, um das es geht, ist möglicherweise den Wirtsleuten selbst bewusst:

Stell dir vor, direkt unter dem hölzernen Wegweiser wurde die Fotografie eines Wirtshauses, von Klarsichtfolie geschützt, mit einem Nagel befestigt.

Der Wegweiser als Index wird auf diese Weise um ein ikonisches Zeichen des Wirtshauses erweitert. Die Fotografie ist ein Ikon – oder kann als ein Ikon aufgefasst werden –, da sie eine gewisse Ähnlichkeit mit dem fotografierten Objekt hat. Wir können nicht sicher sein, ob die Fotografie tatsächlich das hier indizierte Wirtshaus abbildet oder irgendein beliebiges anderes Wirtshaus. Das ändert an der Ikonizität des Bildes jedoch nichts. Nehmen wir an, es handelt sich um eine Schwarz-Weiß-Fotografie. So sieht das Wirtshaus auf keinen Fall in Wirklichkeit aus, ja, wir können sogar mit großer Sicherheit behaupten: Es gibt auf der ganzen Welt kein schwarz-weißes Wirtshaus! Aber auch das ändert an der ikonischen Qualität des Bildes nichts. Ein gutgläubiger Wanderer mag beim Betrachten der Fotografie gleichwohl den Eindruck gewinnen, nun genauer einschätzen zu können, um was für ein Wirtshaus es sich bei dem durch den Wegweiser angezeigten handelt: Vielleicht zeigt das Bild beispielsweise ein rustikales Ausflugswirtshaus mit einladenden Tischen und Bänken vor der Tür, umgeben von Schatten spendenden Bäumen.

Egal wie zutreffend oder genau die Fotografie sein mag, sie zeigt nur das unmittelbare Objekt, also das Wirtshaus, wie es im Zeichen selbst dargestellt wird – nicht jedoch, wie es »an sich« sein mag. Ein Repräsentamen kann per Definition immer nur das unmittelbare Objekt darstellen oder verkörpern, es zeigt das Objekt, auf das es sich bezieht, immer nur aus bestimmten Perspektiven und unter bestimmten Aspekten. Vielleicht war es der Wirtin wichtig, die umstehenden Bäume zu zeigen, um der Vorstellung von dem Wirtshaus eine idyllische Note zu verleihen: »Die Bäume müssen unbedingt mit auf das Bild!«. Vielleicht verdecken die Bäume aber auch einen dahinter liegenden Komposthaufen, den die Wirtsleute gerne verbergen wollen.

Wie der Wanderer seinerseits die Fotografie interpretiert, hängt wiederum, wie weiter oben beschrieben, von seinen Interessen, Motiven, Gemütslagen, Gewohnheiten usw. ab. Gut denkbar wäre aber, dass der Wanderer aufgrund des Namens der Wirtschaft, »Zur Räuberhöhle«, eine entsprechend abenteuerlich ausstaffierte Wirtschaft erwartet. Er verbindet dann mit dem Namen »Räuberhöhle« bestimmte ikonische Aspekte und fühlt sich möglicherweise enttäuscht, wenn diese Erwartungen nicht erfüllt werden.

Die Fotografie, das sei hier am Rande angemerkt, ist ein besonderes Repräsentamen, worauf bereits Peirce hingewiesen hat. Strenggenommen ist nämlich jede Fotografie immer zugleich ein Ikon und auch ein Index. Denn allein durch die fotografische Belichtungstechnik ist die Ikonizität, also die Ähnlichkeit mit dem fotografierten Objekt gewährleistet. Zum anderen ist eine Fotografie aber auch ein starker Index auf sein Objekt, denn wenn das Objekt als Modell der Fotografie nicht existiert hätte, könnte es davon keine Fotografie geben. (Dass Künstliche

Intelligenz genau diese als zuverlässig geschätzten ikonischen und indexikalischen Eigenschaften der Fotografie heute in Frage stellt, ist ein Problem der Bildbearbeitung oder -erzeugung, nicht aber der Fotografie als Technik selbst.)

Die Unterscheidung zwischen unmittelbarem und dynamischem Objekt verweist auf ein grundsätzliches Problem, denn auch diese Unterscheidung ist eine rein logische bzw. systematische. Zwar kann das Repräsentamen nur das unmittelbare Objekt zeigen oder verkörpern, aber es kann auf das dynamische Objekt verweisen, es *meinen*. Das dynamische Objekt erscheint nach Peirce insofern als letztlich unerreichbar und immer nur durch unmittelbare Objekte, also so, wie sie im Zeichen dargestellt sind, in gewissem Maße annäherbar. Im Peirce'schen Zeichenuniversum gibt es nicht hier die Zeichen und dort die Objekte, auf die sie verweisen. Objekte sind in der Peirce'schen Semiotik ohnehin nicht als Referenzobjekte zu verstehen, denn Objektstatus kann alles erhalten, was Gegenstand eines Zeichens ist, also auch Einbildungen oder beispielsweise Klassen von Objekten. »Pferd« hat ein Zeichenobjekt, aber kein Referenzobjekt in der Wirklichkeit, denn es ist die Bezeichnung einer Klasse oder einer Idee. Was bedeutet das für das dynamische Objekt des Zeichens, also das Objekt, das das Repräsentamen nicht unmittelbar darstellen kann, das es aber letztendlich meint?

Stell dir vor, der Wanderer gelangt, ohne den Wegweiser bemerkt zu haben, zu einer Wirtschaft.

Was immer er nun betrachtet, wenn er die Wirtschaft betrachtet: ist zeichenhaft! Die Wirtschaft ist also selbst ein Zeichen der Wirtschaft, insofern sie dem Wanderer nur in Form seiner Wahrnehmung und des diese begleitenden Wahrnehmungsurteils erscheint. Er kann nicht anders, als die Wirtschaft wahrnehmen – und interpretieren. Denn wie immer werden auch diese Wahrnehmungen Wirkungen in ihm hervorrufen; was er wahrnimmt, wird für ihn eine bestimmte Bedeutung gewinnen – er urteilt über das Wahrgenommene. Der Wanderer kann seine sämtlichen Sinne einsetzen, um das Wirtshaus zu erforschen, aber er wird alle dadurch erhaltenen Sinneseindrücke beurteilen und interpretieren müssen.

Damit soll nicht gesagt sein, dass es in der semiotischen Auffassung von Wirklichkeit keine *Realität* gibt. Wenn ein Wanderer unachtsam durch den Wald spaziert, kann es passieren, dass er sich tatsächlich, wenn er gegen einen Baumstamm läuft, die Nase blutig schlägt. Aber wenn ihm dieses Malheur passiert, wird er sich Ursache und Folge interpretierend erklären müssen.

Weite Bereiche des Zeichenhandelns sind vor allem dazu geeignet, Erfahrungen zu sammeln, sie verallgemeinern zu können, Regeln abstrahieren zu können und Prognosen aufstellen zu können, um beispielsweise solch schmerzhafte Erlebnisse vorhersehen und vermeiden zu können.

Präziser könnte deshalb formuliert werden: Das dynamische Objekt gibt es tatsächlich, aber es ist *uns* immer nur zeichenhaft gegeben. Diese Feststellung wird uns in *Kapitel 2.1 (Wie werden aus Wirkungen Überzeugungen?)* weitergehend beschäftigen, wenn es darum geht, wie wir Gewissheiten und Überzeugungen über Objekte unserer Wahrnehmung erlangen.

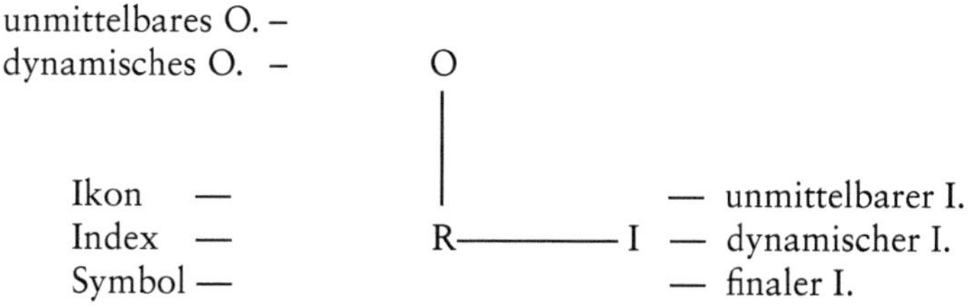

Abb. 5: Die Ausdifferenzierung der drei Zeichenkonstituenten

1.6 Was ist also ein Zeichen? – Ein Zeichenprozess!

Indem nun alle drei Konstituenten des Zeichens näher beleuchtet wurden, kann das Zeichen »an sich« in Hinblick auf die dynamischen Objekte, die es schließlich repräsentiert, beurteilt werden. Die Vorsichtigkeit, mit der wir uns an diese Frage herangetastet haben, ist durch das fragile »Wesen« des Zeichens begründet. Weit davon entfernt, etwa so stabil wie ein Etikett seine Gegenstände zu bezeichnen, ist das Zeichen ein komplexes und filigranes Konstrukt, das nur durch die gegenseitige Aufeinanderbezogenheit seiner drei Konstituenten ein Ganzes bildet.

Das Repräsentamen oder Zeichenmittel determiniert den Interpretanten, indem es ihm eine gewisse Anleitung oder Perspektivierung bietet, wie zu interpretieren sei. Der Interpretant wiederum bestimmt letztlich, welche Wirkung das Zeichen entfalten kann. Das Objekt des Zeichens ist nicht einfach das Repräsentierte, sondern es ist der entscheidende Grund dafür, dass es überhaupt eine Repräsentation geben kann. Natürlich gib es sehr »stabile«, höchst konventionalisierte Zeichen, aber das ändert nichts an der prinzipiellen Konstruiertheit und flexiblen Konstruierbarkeit aller Zeichen.

So wie wir interpretierend Bedeutung erst hervorbringen und sich diese Bedeutung als praktische Wirkung des Zeichens auf uns erweist, so konstituieren wir auch die Objekte unserer Wahrnehmung nur als Zeichenobjekte. Das dynamische Objekt kann vielleicht am besten als Anlass oder Impuls dafür betrachtet werden, dass wir zeichenhafte Repräsentationen von ihnen anfertigen. Insofern sind dynamische Objekte real und determinieren in gewisser Weise den Zeichenprozess.

Im Grunde ist das nur die Kehrseite der Beobachtungen, die wir von Beginn an über Zeichenprozesse angestellt haben: Wenn wir feststellen, dass ein Anzeichen für ein Objekt bei jedem Betrachter prinzipiell ganz verschiedene Bedeutungen hervorrufen kann, also verschiedene Zeichen, dann ist es nur der reziproken Sichtweise zu verdanken, wenn wir feststellen, dass das Objekt unseres Zeichens auf dieselbe Weise von eben diesem Zeichen abhängt.

Dieses wechselseitige Konstitutionsgefüge hat zur Folge, dass wir es eher mit Zeichenprozessen zu tun haben als mit festgefügten Zeichen. Denn jedes triadische Zeichengefüge ist ständig Verschiebungen und Erweiterungen unterworfen. Unser routinierter Wanderer, der schon oft an vergleichbaren Wegweisern vorbeigekommen ist, hat sich im Laufe der Zeit aus den verschiedenen Vorkommnissen von Wegweisern eine Art Mischbild eines für ihn mehr oder weniger typischen Wegweisers erschaffen. In diesen Begriff von einem Wegweiser sind also vielfältige Hinsichten und praktische Bedeutungen eingeflossen. Die denkbaren Wirkungen, die den Bedeutungsumfang seines Begriffs ausmachen, sind also mit jedem Vorkommnis eines Wegweisers um neue Facetten erweitert oder modifiziert worden.

Die Prozesshaftigkeit ist dabei aber schon in diesem triadischen Gefüge selbst angelegt. Diese Prozessualität ist der wesentliche Grund dafür, dass die Rede von »dem Zeichen« hier weitgehend vermieden wird. »Das Zeichen« erweist sich als eine immer relativ vorläufige *Momentaufnahme* von einem ununterbrochenen Zeichenprozess. Diese Feststellung muss genauer erklärt werden.

Das Repräsentamen ist in der Lage, den Interpretanten zu determinieren, das bedeutet, es kann den Interpretanten dazu bringen, sich auf dieselbe Weise auf das Objekt des Zeichens zu beziehen, wie es das selbst tut. Das ist in unserem Beispiel mit dem Wegweiser der Fall, wenn er die Wirkung erzielt, dass der Wanderer den von ihm gewiesenen Weg zum Wirtshaus einschlägt. Diese Wirkung oder dieser Interpretant bezieht sich dann selbst direkt auf das Wirtshaus, also auf das Objekt, und zwar indem er der Richtung folgt, die das Repräsentamen weist. Das Repräsentamen wirkt in diesem Fall wie eine Art Vehikel, das den Interpretanten mit dem Objekt in Verbindung bringt.

Jemand deutet mit dem Finger in eine Richtung, mein Blick folgt ihm. Mein Blick richtet sich also unter derselben Perspektive wie der Finger auf das von ihm Angezeigte.

Wenn nun der Interpretant in derselben Relation zum Objekt steht wie das Repräsentamen, dann degeneriert er auf diese Weise selbst zu einem Repräsentamen. Dieses neue Repräsentamen benötigt dann einen weiteren, nachrückenden Interpretanten, damit die Zeichentriade wieder komplettiert wird. Um in unserem Bild zu bleiben:

Stell dir vor, du bemerkst auf deiner Wanderung in einiger Entfernung vor dir andere Wanderer, die an einer Weggabelung abbiegen, nachdem sie dort ein Schild betrachtet haben, das von deiner Position aus noch nicht deutlich erkennbar ist.

Die beobachteten Wanderer, die die Abzweigung einschlagen, fungieren hier als Interpretanten einer ersten Zeichentriade, bestehend aus Wirtshaus (Objekt), Wegweiser (Repräsentamen) und darauf reagierende Wanderer (Interpretant). Diese Wanderer setzen sich also mit Hilfe des Repräsentamen in Bezug zu dem Wirtshaus. Für dich fungieren nun sie ihrerseits als – weiter entwickelte – Repräsentamen. Sie selbst können nun, wie zuvor der Wegweiser, ihrerseits als Index begriffen werden, der auf ein Objekt verweist. Du kannst daher, indem du sie und ihre Richtungsänderung wahrgenommen hast, beschließen, ihnen zu folgen. Damit fungierst nun du als neuer Interpretant in der neuen Zeichentriade, bestehend aus Wirtshaus (Objekt), den abzweigenden Wanderern (Repräsentamen) und dir selbst mit deiner Entscheidung, jenen Wanderern zu folgen (Interpretant). Schematisch lässt sich dieser Semioseprozess wie folgt darstellen:

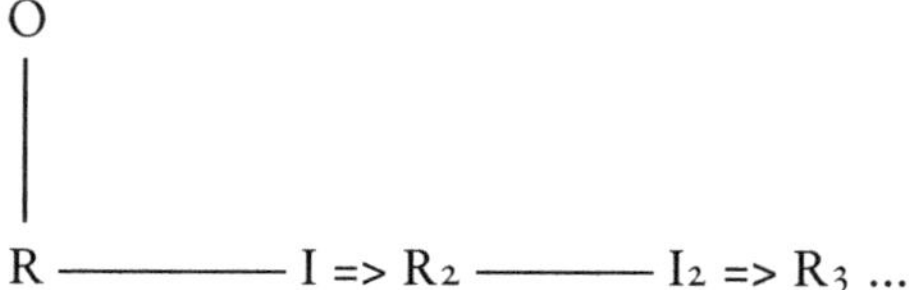

Abb. 6: Zum Repräsentamen degenerierende und nachrückende, neue Interpretanten

Dieser Zeichenprozess ist grundsätzlich unabschließbar, denn jeder nachrückende Interpretant kann seinerseits wieder als Repräsentamen aufgefasst werden – und immer so weiter.

Denkbarerweise brechen die Wanderer beim Anblick des Wegweisers auch in Jubel aus (dynamischer Interpretant): Ihr Jubel kann dann wiederum als Repräsentamen für weitere Semiosen fungieren, zum Beispiel als Symbol für dich, dass dich dort vorne voraussichtlich eine freudige Überraschung erwarten wird. Dass das Objekt in diesem Fall für dich noch relativ vage bleibt, ändert nichts an der Tatsache, dass die Zeichenhaftigkeit der jubelnden Wanderer funktioniert. Wenn dich ihr Jubel neugierig macht und du dich ihnen anschließt, wirst du zum potentiellen Repräsentamen für einen potentiellen weiteren Interpretanten.

Bei der Zeichenkonstitution geht es also immer um die Zusammenführung der drei beteiligten Konstituenten, egal als was sich das Objekt schließlich entpuppen wird und egal welche Reaktion hervorgerufen wird. Sobald aber die Wirkung eines Zeichens darin besteht, sich *qua* Repräsentamen auf das Objekt zu beziehen, wird der Interpretant, also die Wirkung oder Reaktion, seinerseits zum Repräsentamen: Es kann hinsichtlich des gemeinsamen Objekts dieses Zeichenprozesses gedeutet werden.

Der Semioseprozess, in dem jeder Interpretant zu einem Repräsentamen degenerieren kann, verdeutlicht deshalb: Auch der Interpretant ist ein Zeichen! Wenn weiter oben gesagt wurde, der Interpretant sei im weitesten Sinne die Bedeutung oder Wirkung eines Zeichens, dann ist er ein gewissermaßen weiter entwickeltes Zeichen als das Repräsentamen, auf das er sich bezieht. Mit anderen Worten: Jede Bedeutung, jede Wirkung kann ihrerseits natürlich weiter interpretiert werden.

Die Zeichentriade kann sich aber auch noch zu einer andersartigen Konstellation zusammenfügen, nämlich so, dass sich der Interpretant auf die Relation von Repräsentamen und Objekt an sich bezieht und diese Relation als sein neues Objekt bestimmt. Schematisch lässt sich das wie folgt abbilden:

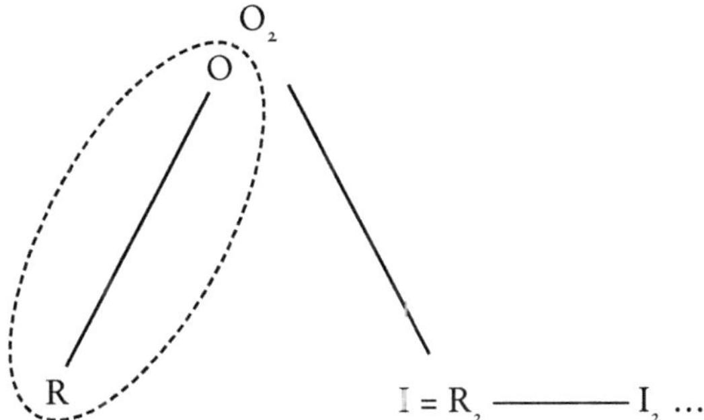

Abb. 7: Die Relation von Objekt und Repräsentamen als neues Objekt

Auch hier wird das Zeichen als Prozess erkennbar, denn indem die Relation zwischen Objekt und Repräsentamen insgesamt als neues Objekt fungiert, degeneriert der Interpretant wiederum zu einem neuen Repräsentamen und muss wiederum durch einen weiteren, nachrückenden Interpretanten komplettiert werden.

Picassos »Stierkopf« kann hier erneut als Beispiel dienen: Die Assoziation der Montage mit der Vorstellung eines Stierkopfes, den die Montage repräsentieren soll, schafft die Skulptur als neuartiges Objekt. Die Skulptur wird dabei zum Repräsentamen von etwas völlig Neuartigem. Dieses Neuartige muss nun seinerseits interpretiert werden. Denn diese Skulptur ist weder ein montierter Fahrradsattel noch ein Stierkopf, sie ist etwas Neues, ein Artefakt, dem nichts in der bekannten Welt der Objekte entspricht.

Diese Zeichenkonstitution ist daher ganz allgemein bei kreativen Zeichenprozessen von Bedeutung. Auf diese Weise werden tatsächlich neue Objekte geschaffen, unsere Realität wird erweitert. Natürlich ist – ähnlich wie bei der Frage nach der Realität der dynamischen Objekte – damit nicht gemeint, dass neue Objekte hervorgebracht werden, etwa von der Materialität eines Steins. Aber alle »Heureka!-Momente« verweisen auf solche spontanen Hervorbringungen durch die Assoziation zweier Ideen, von denen man nie auf den Gedanken gekommen wäre, sie miteinander zu assoziieren, wobei blitzartig etwas gänzlich Neues erscheint, das so nie zuvor in unserer Wahrnehmung aufgetaucht ist.

Alle Metaphern funktionieren so. Wenn Truman Capote in *Die Hunde bellen* über ein Mädchen schreibt, das über den Petit Socco in Tanger schlendert: »Estelle, a beautiful girl who walks like a rope unwinding«, dann ist mit dieser Metapher eine Art der Bewegung geschaffen, die es so zuvor nie gab. Strukturell handelt es sich um extreme Fälle von den weiter oben beschriebenen Ikons, in denen Ähnlichkeit durch Assoziation gestiftet wird.

Diese Form der Zeichenbildung oder des Zeichenprozesses hat wesentlich mit der Abduktion zu tun, denn auch die Abduktion ist die spontane Assoziation zweier Ideen, die so aufeinander bezogen werden, dass damit ein zunächst unerklärliches Phänomen plausibilisiert werden kann. Picassos »Stierkopf« ist ein hervorragendes Beispiel für eine solche kreative Abduktion. Die Skulptur als zunächst unerklärliches Phänomen weist seltsame hornartige Eigenschaften auf. Nun setze ich versuchsweise die Regel ein: »Stiere haben Hörner!« Also, so schließe ich, handelt es sich bei der Skulptur um die künstlerische Darstellung eines Stierkopfs. Die Unsicherheit der Abduktion erweist sich hier in dem Umstand, dass der Betrachter diese Assoziation möglicherweise plausibel und obendrein höchst ästhetisch finden kann – eine Art »Beweis« liegt aber keineswegs vor (und ist in der Kunst ja auch nicht intendiert). Der Betrachter sieht diese Assoziation (»Heureka!«) oder eben nicht, was insbesondere in moderner und avantgardistischer Kunst oft genug zu Kontroversen führt.

An allen drei Positionen der Zeichentriade befinden sich somit jeweils Glieder, die ihrerseits wiederum als Zeichen fungieren können. Auf diese Weise ergibt sich das Bild des Zeichens als unabschließbarer Zeichenprozess in beide Richtungen, weil sowohl Objekt als auch Interpretant als Zeichen wirken können – die jeweils fokussierte Zeichentriade ist dabei nur ein momentaner, situativer Ausschnitt des Zeichenprozesses, in den sie eingebettet ist.

Weiter oben wurde festgestellt, dass alles Denken sich in Form von Schlussfolgerungen vollzieht, so, wie es kaum eine reine Kognition gibt, weil eigentlich alle Wahrnehmungen mit Wahrnehmungsurteilen verknüpft sind. Die prinzipielle Unabschließbarkeit der Semiose kann deshalb prinzipiell am Beispiel der logischen Schlussfolgerungsweisen erläutert werden, und zwar anhand der syllogistischen Form einer Schlussfolgerung. Vereinfacht ausgedrückt wird in einem logischen Schluss von zwei Prämissen auf eine Konklusion gefolgert.

Besonders deutlich wird das bei der Deduktion: Sie geht von einer Regel und einem Fall als den beiden Prämissen aus und schließt auf ein Resultat. Nehmen wir das klassische Beispiel:

Prämisse (Regel):	*Alle Menschen sind sterblich.*
Prämisse (Fall):	*Sokrates ist ein Mensch.*
Konklusion (Resultat):	*Sokrates ist sterblich.*

Dass die erste Prämisse im deduktiven Schluss, die Regel, selbst eine Konklusion ist, liegt auf der Hand: Irgendwann wurde diese Regel induktiv erschlossen. Aber auch die zweite Prämisse, im deduktiven Schluss der Fall, ist eine Konklusion, denn sie beruht auf einem Wahrnehmungsurteil. So wird sich im semiotischen Prozess, also im Denken ganz allgemein, jede angenommene Prämisse bei genauerer Betrachtung als Konklusion herausstellen. Der semiotische Prozess ist also auch unter diesem Gesichtspunkt prinzipiell unabschließbar. Und analog zu der Tatsache, dass jeder Interpretant in der Lage ist, weitere, nachrückende Interpretanten nach sich zu ziehen, so gilt natürlich auch für jede Konklusion, dass weitere Konklusionen an sie angeschlossen werden können.

Es ist wichtig, sich klar zu machen, dass alle Prämissen, denen wir begegnen, auf diese Weise hinterfragbar sind. Auf diesen Punkt wird in *Kapitel 2.6. (Deduktion im populistischen und ideologischen Diskurs)* noch genauer einzugehen sein.

Diese beiden Formen des Degenerations- und Fortpflanzungsprozesses der Zeichentriade wurden implizit bereits weiter oben, bei der Besprechung der drei Interpretantentypen thematisiert. Denn je nachdem, ob ein unmittelbarer, ein dynamischer oder ein finaler Interpretant hervorgebracht wird, bezieht dieser sich entweder *qua* Repräsentamen auf das Objekt oder er macht die Relation zwischen Repräsentamen und Objekt zu seinem neuen Objekt. Oben, bei der Vorstellung der drei Interpretantentypen, haben wir, der Einfachheit halber, nur die Relation des Interpretanten zu dem Repräsentamen genannt, nicht genauer wurde dort betrachtet, dass dabei eben die Relation zwischen Objekt und Repräsentamen selbst zu einem Objekt und der Interpretant zu einem neuen Repräsentamen degenerieren kann. Wenn in unserem Beispiel etwa der unmittelbare Interpretant lautet »Aha, ein schönes Schild.«, dann degeneriert das Repräsentamen zum neuen Objekt des Zeichens (wobei seine Beziehung zum Objekt zwar intakt bleibt, aber in den Hintergrund tritt).

Dabei wird der Interpretant zu einem Repräsentamen und ein nachfolgender Interpretant, der die Zeichentriade wieder komplettieren könnte, wäre eine entsprechende Reaktion, die beispielsweise in dem Entschluss bestehen könnte, von diesem Schild ein Foto aufzunehmen (dynamischer oder finaler Interpretant).

In solchen Zeichenprozessen, in denen Repräsentamen und Objekt als Relation ein neues Objekt ergeben, kann man beobachten, wie das *ursprüngliche* Objekt allmählich aus dem Fokus des Zeichenprozesses wegrückt und tendenziell verschwindet, weil es *in* der Relation aufgehoben ist. Das neu entstehende Objekt hat einen gänzlich anderen Charakter, nämlich beispielsweise eben als Motiv für eine Fotografie zu fungieren. Etwas ähnliches geschieht in dem Beispiel von Picassos »Stierkopf«: Auch hier geht es nicht mehr um das ursprüngliche Objekt, also einen realen Stierkopf, sondern um eine künstlerische Idee, in der wesentlich mehr und anderes mitschwingt und zwar so gehaltvoll, dass wir hier von einem Kunstwerk sprechen.

Diese Beispiele sollen aber in erster Linie illustrieren, inwiefern Zeichen *als* Zeichenprozesse prozessual und in alle Richtungen anschlussfähig oder erweiterbar sind. Das Zeichen »an sich« ist nicht mehr als ein willkürlich gewählter Kristallisationspunkt innerhalb der unabschließbaren Semiose.

Wir können hier aber noch einen Schritt weiter gehen und auch die Beziehung zwischen Interpretant und Objekt genauer bestimmen, wenn sich, wie im ersten Modell des Semioseprozesses der Interpretant *qua* Repräsentamen auf das Objekt bezieht. Wir können nun nämlich fragen, warum es nur zwei Typen von Objekten (unmittelbar, dynamisch), aber drei Typen von Interpretanten (unmittelbar, dynamisch, final) gibt.

Der unmittelbare Interpretant ist hierbei weniger bedeutsam, weil er in der reinen kognitiven Feststellung von etwas besteht. Interessanter ist der dynamische Interpretant: Als faktische Reaktion kann er sich auf das Repräsentamen, aber auch *qua* Repräsentamen auf das Objekt beziehen, womit auch das unmittelbare Objekt gemeint sein kann. Denkbar wäre eine spontane Reaktion auf den Wegweiser als Schild: »Hurra! Dort geht's zur Räuberhöhle!« (Das Objekt kann hierbei durchaus das unmittelbare Objekt sein, also das Wirtshaus, so wie es im Zeichen dargestellt wird.) Aber der dynamische Interpretant kann sich *qua* Repräsentamen auch auf das dynamische Objekt, das Wirtshaus, wie es in Wirklichkeit sein mag, beziehen. (»Hurra! Ein Wegweiser für ein Wirtshaus.«) Dann setzt der dynamische Interpretant eine gewisse Bekanntheit mit seinem Objekt voraus, da er eine tatsächliche, faktische Reaktion auf das Objekt ist, was somit eine gewisse »Erfahrung« mit dem vom Repräsentamen Gemeinten, nämlich einem realen, konstant erfahrbaren Objekt, impliziert. (Der Betrachter lässt sich also beispielsweise nicht durch den leicht missverständlichen Namen »Zur Räuberhöhle« täuschen, sondern entwickelt im Geist eine allgemeine Vorstellung von »Wirtshaus« aufgrund seiner Erfahrung.) Wird also das Repräsentamen als Vehikel für das Objekt verwendet, so bezieht sich der dynamische Interpretant auf das dynamische Objekt, also nicht das zeichenhafte Objekt, sondern das gemeinte Objekt der Wirklichkeit: Da dieses dynamische Objekt aber in dieser Repräsentation nur sehr vage repräsentiert sein kann, *muss* der Interpretant auf gewisse Erfahrungen mit ähnlich repräsentierten dynamischen Objekten (mit tatsächlichen Wirtshäusern) zurückgreifen.

Ein solches, relativ konstantes Konzept von einem Objekt haben wir weiter oben bereits im Zusammenhang mit dem routinierten Wanderer angesprochen, der im Laufe der Zeit und aufgrund seiner Erfahrungen mit einzelnen Vorkommnissen eines Wegweisers eine Art Mischbild eines für ihn typischen Wegweisers geschaffen hat.

Zu dem finalen Interpretanten gibt es auf der Objektseite jedoch keine Entsprechung, weil dieser eine gewohnheitsmäßige Reaktion bedeutet, das heißt, er bezieht sich auf eine vorausschauende Weise auf ein Objekt der Erfahrung, wodurch Prognosen ermöglicht werden. Er bezieht sich also nicht nur auf ein konkretes Objekt, sondern birgt die Idee des Objekts als disponibles in sich. In unserem Beispiel mit dem Wanderer, der Wegweiser auf Wirtshäuser grundsätzlich ignoriert, weil er in Ausflugswirtschaften überteuerte Preise erwartet, ist eine solche habituelle Haltung gegenüber den wiederholt erzeugten Urteilen und Schlussfolgerungen als Zeichenprozessen impliziert. Der finale Interpretant bezieht sich, so könnte man sagen, auf das Objekt als Resultat von vorherigen Zeichenprozessen.

Vor allem im Bezug des dynamischen Interpretanten auf das dynamische Objekt ist also eine Möglichkeit des Zusammentreffens von Zeichen und Realität angedeutet, weil hier eine konkrete Reaktion *qua* Repräsentamen auf ein Objekt außerhalb seiner Repräsentation, nämlich wie es in Wirklichkeit sein mag, stattfindet.

2. Wie Zeichenprozesse entstehen

2.1 Wie werden aus Wirkungen Überzeugungen?

In einer Zeit, in der alle Welt über die Unterscheidung zwischen »objektiver« und »gefühlter Wahrheit« diskutiert, bietet die Auseinandersetzung mit der Semiotik eine Chance: Zwar besteht aus psychologischer Sicht die Tendenz, aus emotionalen Gründen bestimmte Überzeugungen zu pflegen, deren Wahrheitsgehalt gar nicht geprüft wird. Aber allein die Diskussion um die »gefühlte Wahrheit« deutet darauf hin, dass gleichwohl ein Bedürfnis nach Kriterien existiert, wie Überzeugungen denn überhaupt evaluiert werden könnten, wenn völlig konträre Meinungen scheinbar gleichgewichtig einander gegenüber stehen. Die Antworten, die die Peirce'sche Semiotik hierauf bereit hält, sind meines Erachtens aktueller denn je. Sie werden zeigen, wie Argumente entwickelt werden können, die eine semiotische Annäherung an die Wirklichkeit ermöglichen und eine Handhabe anbieten, mit der »gefühlte Wahrheiten« einer Prüfung unterzogen werden können.

Die Vorstellung des semiotischen Prozesses, also die Idee, dass einzelne Zeichen stets nur Momentaufnahmen in an sich unabschließbaren Zeichenprozessen sind, führt zu der Überlegung, wie über die reine Hervorbringung und Verwendung von (Einzel-)Zeichen im fortlaufenden Zeichenprozess allmählich gefestigte Vorstellungen und Überzeugungen gewonnen werden können, also das, was wir weiter oben bereits als Verhaltensgewohnheiten angesprochen haben.

Diese Frage ist deshalb wichtig, weil wir ohne Überzeugungen und Gewissheiten im Alltagsleben überhaupt keine Routinen entwickeln, Prognosen aufstellen oder Erwartungen ausbilden könnten. Ohne diese wären wir aber nicht überlebensfähig, wir würden es noch nicht einmal morgens unfallfrei aus dem Bett schaffen. Unsere Erfahrung wäre eine zusammenhangslose Aneinanderreihung verblüffender Phänomene und unsere einzig mögliche Strategie bestünde darin, unablässig ebenso zusammenhangslose Abduktionen anzufertigen, ohne die Möglichkeit, die Hypothesen zu überprüfen.

Den wohl intuitivsten Einstieg in das Thema dürfte jener Impuls liefern, der uns aktiv zum Nachdenken über eine Situation anregt, nämlich der – unangenehme – Moment des Zweifelns. Unser Alltagsleben läuft seinen gewohnten, ruhigen Gang bis zu dem Augenblick, in dem unsere Routinen uns nicht weiter zu helfen scheinen.

Dies ist dann der Moment, in dem wir uns genötigt fühlen, abduktiv zu schließen, so wie es in dem obigen Beispiel dem Wanderer ging, dem auf einmal ein vermeintlicher Räuber begegnet. Tatsächlich scheint es in einer solchen Situation dringend geboten, zu reagieren, und zwar so zu reagieren oder zu handeln, dass das Resultat dieser Reaktion oder Handlung zu einem sinnvollen, zufriedenstellenden Ergebnis führt, das unseren Zweifel beseitigt. Eine klare Idee von einer Situation zu bekommen, bedeutet also, die denkbaren Wirkungen und Konsequenzen dieser Situation zu überblicken, um auf diese Weise Handlungsoptionen zu entwickeln, die Unentschlossenheit und Zweifel überwinden.

Alles bisher über Zeichenkonstitution und Zeichenhandeln Gesagte behält hier seine Gültigkeit: Die Vorstellung eines Zeichens ist eng an die Vorstellung seiner denkbaren Wirkungen geknüpft, ja, die ganze Bedeutung eines Zeichens ist der Umfang seiner Wirkungen. Wenn also im Zusammenhang mit dem Zeichen gesagt wurde, das Wesentliche daran sei der Interpretant, also die Reaktion oder Wirkung, die ein Zeichen hervorruft, der damit erst die Bedeutung des Zeichens bestimmt, so kann das unmittelbar auf den komplexeren Zusammenhang übertragen werden, in dem es darum geht, vom Zustand des Zweifelns in den Zustand befriedigender Überzeugungen zu gelangen. Dieser Weg führt über die Einschätzung der Konsequenzen des Umstands, der den Zweifel auslöst.

Hierbei zeigt sich meines Erachtens das Spannende an der Idee von Peirce, die Wirkung des Zeichens und komplexerer semiotischer Prozesse als deren Bedeutung zu bestimmen. Denn es ist diese *pragmatische* Dimension der Peirce'schen Semiotik, die sie unmittelbar einbindet in Sozialität. Alles, was Gegenstand unseres Denkens wird, kann auf diese Weise durch die Wirkungen und Konsequenzen bestimmt werden, die die Idee dieses Gegenstands in sich birgt. Nicht nur einzelne Zeichen, sondern auch Überzeugungen lassen sich also darüber evaluieren, welche Auswirkungen sie haben werden. Damit wird jede semiotische Tätigkeit genuin mit Handlungsoptionen oder -anweisungen verknüpft.

Bei Peirce sind diese Ideen stets mit dem Interesse an der Gemeinschaft verbunden, so dass sich daraus ein zutiefst soziales Verständnis ergibt.

Bevor wir die Möglichkeiten der »Festigung der Überzeugung«[1] vertiefen, müssen an dieser Stelle einige Gedanken zum Konzept der Wahrnehmung geklärt werden. Wenn es um Überzeugungen geht, muss nämlich geklärt werden, wovon jemand denn überzeugt sein will.

Das ist, salopp gesagt, natürlich die Realität, das sind die Fakten – und von diesen hängen unsere Wahrnehmungen ab.

Weiter oben wurde erwähnt, dass es einem unachtsamen Wanderer durchaus passieren könnte, aus Versehen gegen einen Baumstamm zu laufen und sich dabei die Nase blutig zu schlagen. Das ist – fern ab von aller Interpretation – ein unleugbares, schmerzhaftes Faktum.

1 So lautete in deutscher Übersetzung ein Beitrag, *The Fixation of Belief*, den Peirce 1877 in *Popular Science Monthly, XII* veröffentlich hatte.

Wenngleich also im Peirce'schen Zeichenuniversum alles immer zeichenvermittelt ist, so soll damit jedoch keineswegs geleugnet werden, dass es Realität gibt – und mehr noch: dass jede Anstrengung des Denkens sich auf Überzeugungen bezieht, die die Realität betreffen. Es gilt also zu verstehen, wie sich Zeichenuniversum und Realität zueinander verhalten und inwiefern uns Realität überhaupt zugänglich ist.

2.2 Wahrnehmungen und Wahrnehmungskategorien

Das semiotische Konzept von Wahrnehmungen ist an dieser Stelle deshalb von großer Bedeutung, weil damit erklärt werden kann, inwiefern es gleichwohl Tatsachen, Fakten, kurz Realität gibt, auch wenn wir darauf beharren, die Idee von *der* Objektivität oder *der* Wahrheit zu verwerfen. Was wir wahrnehmen, nehmen wir auch *für wahr*. Peirce unterscheidet drei universale Wahrnehmungskategorien, die mit den Begriffen Qualität, Relation und Repräsentation charakterisiert werden können. Er bezeichnet sie schlicht als *Erstheit*, *Zweitheit* und *Drittheit*, um mit diesen neutralen Ausdrücken semantische Vorannahmen zu vermeiden.

Die Wahrnehmung einer reinen Qualität wie beispielsweise *Röte* ist eine unmittelbare und unvermittelte Wahrnehmung, im Grunde nicht mehr als die *Möglichkeit* oder die Empfindung dieser Qualität ohne Bezug auf etwas (beispielsweise eine Erdbeere oder die Abendsonne), dem diese Qualität (Röte) zukommen könnte. Das ist Erstheit.

Die Wahrnehmung von etwas Widerständigem, Faktischem, Hier-und-Jetzigem fällt unter die Kategorie der Relation, also der Zweitheit. Für sie ist die »rohe Kraft« eines nicht zu leugnenden Ereignisses charakteristisch, so wie in unserem Beispiel des Zusammenstoßens des Wanderers mit dem Baumstamm. Anstrengung und Widerstand sind Relata einer solchen zweistelligen Relation (Wo kein Widerstand, da keine Anstrengung). Auch Reaktion ist ein Begriff, mit dem insbesondere Zweitheit charakterisiert werden kann.

Die Wahrnehmung von etwas Gewohnheitsmäßigem, Gesetzmäßigen, Erwarteten fällt unter die Kategorie der Repräsentation, der Drittheit. Es überrascht uns nicht, dass es morgens hell wird, und es überrascht uns auch nicht, dass sich im Herbst die Blätter bunt färben oder dass ein Gegenstand herunterfällt, wenn wir ihn aus der Hand gleiten lassen. Ähnlich wie oben bei den drei Interpretantentypen festgestellt werden konnte, gibt es auch bei den drei Universalkategorien ein Implikationsverhältnis, denn ohne Erstheit kann es keine Zweitheit geben und Drittheit impliziert immer Erstheit und Zweitheit. Drittheit kann man sich deshalb vorstellen wie folgt: Eine sanfte, warme Helligkeit umgibt mich (Erstheit), der Himmel strahlt sie aus (Zweitheit) – das ist die

Morgenröte (Drittheit). Drittheit birgt insofern eine Erklärung dafür, dass einem Etwas eine gewisse Qualität zukommt.

Drittheit ist die Wahrnehmung einer dreistelligen Relation: Wenn ich in einem Wörterbuch lese, »Baum« sei das deutsche Wort für das französische »arbre«, dann repräsentiert »Baum« das Wort »arbre« als jene »großen Pflanzen mit Stamm« repräsentierend. (Übrigens ist in diesem Beispiel »Baum« zugleich der Interpretant für »arbre« als Repräsentamen für jene »großen Pflanzen mit Stamm«.)

Mit den Kategorien versucht Peirce insgesamt zu erfassen, was *in irgendeiner Weise überhaupt Gegenstand einer Wahrnehmung sein kann,* und er geht davon aus, dass alle Formen der Wahrnehmung sich auf eine dieser drei Universalkategorien oder ihre Kombination zurückführen lassen. Wenn die bisherigen Überlegungen zu Zeichen und Zeichenhandeln also immer von der Frage nach der Wirkung ausgegangen sind, so liegt mit den Kategorien die zentrale Begründung dieser Frage vor, denn wirken kann nur, was Gegenstand der Wahrnehmung wurde.

Stell dir vor, du empfindest während deiner Wanderung die wohlige, sommerliche Wärme der Luft. Das Gehen bereitet dir unterdessen einige Anstrengung, derer du dir – beispielsweise beim Erblicken eines Wegweisers zu einem Wirtshaus – auf einmal bewusst wirst: Dir wird klar, dass du Erholung und Erfrischung bräuchtest, um deinen jetzigen körperlichen Zustand der Erschöpfung zu überwinden.

In diesen drei Wahrnehmungen sind alle drei Kategorien enthalten. Die empfundene Wärme bezieht sich auf nichts Spezielles, sie ist das allgemeine Gefühl einer allgemeinen Qualität, also Erstheit. Die Anstrengung jedoch ist faktisch, sie ist konkret da und in Opposition zu etwas Widerständigem, das das Aufbringen der Anstrengung erfordert. Das ist Zweitheit als Relation. Die Erkenntnis darüber, wie dieser unangenehme Zustand beendet werden kann, ist demgegenüber etwas Gewohnheitsmäßiges, weil der Zusammenhang zwischen Erschöpfung und Erfrischung erfahrungsmäßig vertraut ist. Diese Einsicht in Gewohnheit und Gesetzmäßigkeit ist Drittheit.

Alle drei Kategorien sind meistens zusammen wirksam, das heißt, ihre Trennung ist eher analytisch – weshalb Beispiele, mit denen etwa reine Erstheit beschrieben werden soll, oft ein wenig an den Haaren herbeigezogen wirken. Um sich Erstheit vorzustellen, bedarf es der Idee einer möglichst reizarmen Situation, in der die pure Empfindung einer vorherrschenden Qualität deutlich wird.

Ich stelle mir beispielsweise vor, ich erwache nach einem tiefen, traumlosen Schlaf in völliger Dunkelheit. Ich weiß weder, wo ich bin, noch kann ich irgendetwas in meiner Umgebung erkennen. Die pure Wahrnehmung von Schwärze in dieser Situation wäre Erstheit. Erstheit ist insofern reine Möglichkeit – die Schwärze als Qualität ist *nicht* nichts, aber sie existiert auch *nicht* in dem Sinne, wie etwa ein materielles Objekt existiert, dem eine bestimmte Qualität (zum Beispiel Schwärze) zukommt.

Die deutlichste Form von Existenz, und damit Realität, kommt vor allem dem Faktischen, also der Zweitheit zu. Wenn ich, umgeben von völliger Dunkelheit, einige Schritte unternehme und blindlings gegen einen Gegenstand stolpere, so fühle ich ganz real und faktisch etwas Opponierendes, einen Widerstand, und zwar ganz gleichgültig, ob ich ihn interpretiere oder nicht. Er *ist* etwas *außerhalb* meiner Erfahrung – auch wenn ich ihn nur durch meine Erfahrung wahrnehme. Ich bin davon überzeugt, *dass* da etwas *ist.* Aber diese Trennung von Erstheit, Zweitheit und Drittheit ist, wie gesagt, eher analytisch. Wenn ich nachts in völliger Finsternis ein paar Schritte unternehme und gegen einen Widerstand stoße, dann wirken hier eigentlich schon alle drei Kategorien zusammen, ganz egal, ob ich mir deren Zusammenhang klar machen kann oder nicht. Denn alles was faktisch *ist*, ist *irgendwie* (z.B.: Ein Klotz ist hart) – in ihm verwirklicht sich eine unabhängig davon mögliche Qualität (Härte). Und insofern sich Möglichkeiten oder Qualitäten in Faktischem verwirklichen, unterscheidet sich dieses Faktische von anderem Faktischen (z.B.: Dieser Klotz ist hart, ein anderer ist hingegen weich). Diese Zusammenhänge sind deutbar – und das ist dann Drittheit. Qualität ist also analytisch allein rekonstruierbar, aber erst aus Drittheitlichkeit heraus erkennbar. Und alles Drittheitliche (Repräsentation) besteht aus Erstheit (Qualität) und Zweitheit (Relation).

Diese drei Universalkategorien manifestieren sich in allen Triaden, die wir bisher besprochen haben. Sehr deutlich wird das bei den drei Objektbezügen des Repräsentamen: Das Ikon kann der Kategorie der Erstheit zugeordnet werden: Ein Dreieck beispielsweise drückt die Qualität der Dreieckigkeit aus, ohne dass diese spezielle Dreieckigkeit in einem konkreten Objekt verkörpert sein muss. Der Index kann mit Zweitheit korreliert werden: »Dies da!« ist ein konkreter, indexikalischer Verweis auf etwas, beispielsweise ein ganz bestimmtes Dreieck. Das Symbol gehört der Drittheit an. Das Wort »Dreieck« repräsentiert alle Etwasse, die die Qualität der Dreieckigkeit aufweisen. In der Faktizität der Zweitheit (»Dies da!«) wird die Verbindung zu etwas außerhalb des Denkens und Interpretierens, also zu etwas in der Realität, am unmittelbarsten hergestellt.

2.3 Die Vernünftigkeit der Realität

Diese »Schnittstelle« zwischen Realität und Zeichenuniversum kann durch weitere Implikationen erläutert werden. Zum Einen wird unsere Erfahrung auf diese Weise in der Realität verankert und zwar so, dass unser Denken sich den Gesetzmäßigkeiten der Realität *anpasst.* Dies mag, auch aufgrund des bisher Gesagten, auf den ersten Blick verblüffend erscheinen, aber es wäre tatsächlich unsinnig, anzunehmen, dass unser Denken die Realität (die ich beispielsweise durch Dagegenstolpern schmerzhaft erlebe) hervorbringt. Es muss Gesetzmäßigkeiten, eine gewisse Ordnung in der Realität geben, weil sonst alle Formen des Denkens an ihr scheitern müssten. Dies ist in einem ganz unpathetischen, pragmatischen Sinne gemeint: Die Ordnung der Realität, Gesetze, Regelmäßigkeiten *wirken.* Peirce nennt das auch »Vernünftigkeit« oder Rationalität. Insofern, sagt er, passt sich unser Denken der Vernünftigkeit eher an, anstatt sie hervorzubringen. Wenn ich beispielsweise jede Nacht erneut blindlings gegen dieses Hindernis stoße – notwendigerweise, weil sich da nun einmal ein Gegenstand befindet – dann werde ich das wohl oder übel so lange wiederholen, bis sich mein Denken dieser Gesetzmäßigkeit anpasst (in diesem Falle durch induktives Schließen) und ich daraufhin das (ab nun dort erwartete) Hindernis umgehen werde. Insofern kontrollieren wir also nicht, etwa mittels unserer Instrumente und unserer formulierten Gesetze, unsere Umwelt, sondern wir passen uns ihren Gesetzmäßigkeiten an.

Diese Regelmäßigkeiten wirken auf uns, egal, ob wir sie reflektieren oder nicht – auf Dauer werden sie jedoch unser Verhalten bestimmen.

Alle werden sofort der Deduktion zustimmen, dass, weil alle Menschen sterblich sind, XY, wenn er ein Mensch ist, sterben wird. Aber jeder, der einen geliebten Menschen durch Tod verloren hat, erfährt, wie schwer und langwierig der Prozess sein kann, in dem sich das Denken den Fakten der Realität anzupassen vermag.

Auch wenn wir wünschen, dass unsere Überzeugungen mit den Fakten übereinstimmen, führt das nicht dazu, dass unsere Vorstellung von Wahrheit mit unseren individuellen Wünschen oder Nützlichkeitsvorstellungen übereinstimmt oder mit unseren Vorstellungen des für uns jeweils Angenehmen. Die Fakten sind etwas zutiefst Widerständiges und in ihnen zeigt sich die »rohe Kraft«, die Peirce mit allen Formen von Zweitheit in Zusammenhang bringt. Diese »rohe Kraft« der Fakten, die auf lange Sicht unser Denken dazu bringt, sich ihnen anzupassen, wird in *Kapitel 2.5. (...und die wissenschaftliche Methode)* genauer zu betrachten sein.

Die Wahrnehmung der Qualität von Röte ist eine Wahrnehmung, die unbestreitbar erscheint – diese wahrnehmbare Qualität ist etwas, das außerhalb unseres interpretatorischen Zutuns existiert. Auch wenn diese

Wahrnehmung mit unterschiedlichen Konnotationen begleitet wird – der eine mag das Rot als warm empfinden, der andere als leuchtend, der Dritte als matt, der Vierte als feurig – die Röte als Qualität ist dadurch nicht in Frage gestellt. Auch die mit hoher Sicherheit aufstellbare Prognose, dass morgens die Sonne aufgeht, betrifft ein gesetzmäßiges Ereignis, das auch jenseits unserer individuellen Beobachtungen und Interpretationen so stattfindet.

Als Realität bezeichnet Peirce infolgedessen das, was so geschieht wie es geschieht, unabhängig von unserer Deutung, und dem sich die von uns gebildeten Überzeugungen allmählich anpassen. Auf diesen wichtigen Punkt wird in *Kapitel 2.6 (Der soziale Impuls: Konsensfindung)* noch näher einzugehen sein, wenn es darum geht, die Notwendigkeit von Konsensbildung über Realität und Fakten in der Gemeinschaft zu erörtern.

Zum Anderen kann mit Hilfe der drei Kategorien genauer verdeutlicht werden, wie die jeweilige Wahrnehmungskategorie an Realität »anschließt«. Wahrnehmungen erreichen, wie weiter oben bereits angemerkt, unser Bewusstsein in Form von Überzeugungen. Das Empfinden von Röte ist unweigerlich das für wahr gehaltene Empfinden von Röte. Aber auch die Erfahrung eines Widerstands bedeutet das konkrete Erleben von Realität, die im Hier und Jetzt stattfindet. Alles Denken schließlich zielt auf die Hervorbringung von Überzeugungen, also (Verhaltens-) Gewohnheiten. Verhaltensgewohnheiten selbst sind, wie gezeigt werden konnte, das Ergebnis von Denken. Auch in dieser dritten Kategorie der Wahrnehmung gilt, dass sie für wahr genommen wird: Wenn ich von etwas überzeugt bin, dann deshalb, weil ich es für wahr halte.

Also unterliegen alle drei Formen der Wahrnehmung der Annahme, ihre Gegenstände seien wahr, tatsächlich so, wie sie wahrgenommen werden. Mit allen drei Wahrnehmungskategorien sind also Strategien zur Hervorbringung von Überzeugungen verknüpft. Mit diesen kategorialen Bestimmungen der Wahrnehmungen wird daher der Weg bereitet zu dem Problem der allmählichen Festigung von Überzeugungen und dem Überwinden von Zweifel.

Alle bisherigen Überlegungen gingen – wenn auch nur implizit – von diesen Annahmen von Fakten und Realität aus. Die Deduktion geht von der Wahrheit ihrer Prämissen aus. Der Index verweist faktisch auf sein Objekt. Der Wanderer aus unseren Beispielen sieht tatsächlich einen Wegweiser, der faktisch auf ein Wirtshaus hinweist. Wirkungen sind ganz allgemein messbare Wirkungen, die für alle bei näherer Beobachtung nachvollziehbar sind. (Allerdings gilt auch hier: Alles, was wir messen, messen wir mit unseren Instrumenten, die wir gemäß unserer Hypothesen und Überzeugungen angefertigt haben.) Peirce' Beispiel von solchen nachweisbaren Wirkungen ist »Härte« als Qualität und er fragt, welche messbare und für alle gleichermaßen nachvollziehbare Eigenschaft Härte wohl sei. Seine Antwort lautet, dass ein Gegenstand dann hart ist, wenn er von relativ wenig anderen Substanzen zerkratzt werden kann. Wie auch immer wir individuellerweise Härte interpretieren, so werden wir doch zustimmen können, dass Härte sich dadurch auszeichnet, dass ein harter Gegenstand nur durch wenige andere Substanzen zerkratzt werden kann.

Wenn wir also überlegen, was als Realität, als Fakten und Tatsachen bezeichnet werden kann, so fragen wir nach dem *dynamischen Objekt*, also nach dem Objekt des Zeichens, wie es in Wirklichkeit sein mag. Die Antwort darauf können uns nur unsere Überzeugungen liefern. Also sind die Überzeugungen das, was am ehesten mit der Realität übereinstimmt. Dass wir von etwas überzeugt sind, bedeutet nichts anders, als dass wir denken, es entspreche der Realität oder sei wahr. (Auch wenn das strenggenommen immer nur Hypothesen über die Realität sind.) Wir sind dann von etwas überzeugt, wenn wir davon ausgehen, dass es auch »außerhalb« unseres Denkens so sei. Letztendlich können wir also nicht mehr, als davon überzeugt sein, dass es so etwas wie Realität gibt.

Weiter oben wurde bei der Unterscheidung zwischen dem unmittelbaren und dem dynamischen Objekt bereits angemerkt, dass die Peirce'sche Semiotik im Grunde keine Referenzobjekte kenne, denn alle Objekte sind nur als Zeichenobjekte, nur zeichenhaft erfahrbar. Anders formuliert: Wir haben keine Möglichkeit, ein Objekt der Wirklichkeit mit seiner zeichenhaften Repräsentation zu vergleichen, um festzustellen, ob die Repräsentation zutreffend ist: Einen hierfür benötigten »externen« Standpunkt, von dem aus ein solcher Vergleich möglich wäre, gibt es nicht. Präziser kann also formuliert werden, dass uns Realität nur in Form unserer Überzeugungen zugänglich ist.

Überprüfen können wir diese Überzeugungen nur stets durch das Messen ihrer Wirkungen und ihrer Konsequenzen für unser Handeln. Überzeugungen sind somit die eigentliche »Schnittstelle« zwischen wahrnehmbaren realen Dingen und ihrer von uns messbaren Wirkungen (Bedeutungen).

An dieser Stelle kann noch einmal aufgegriffen werden, was wir bereits mit der Frage untersucht haben, warum es nur zwei Objekttypen aber drei Interpretantentypen gebe. Wie in allen Peirce'schen Triaden so kehren auch in den Interpretantentypen die Universalkategorien wieder: So kann der unmittelbare Interpretant mit Erstheit, der dynamische Interpretant mit Zweitheit und der finale Interpretant mit Drittheit korreliert werden. Bei den beiden Objekttypen handelt es sich um eine Art defizitärer Triade, da es denkbarerweise kein drittheitliches, irgendwie gewohnheits- oder gesetzmäßiges Objekt geben kann. Objekte kann es nur entweder so geben, wie sie repräsentiert werden oder wie sie »an sich« sein mögen. Die unvermitteltste Form der Berührung zwischen Zeichenuniversum und Realität, so können wir nun genauer bestimmen, ist die zwischen dynamischem Interpretanten und dynamischem Objekt. Alle drei Interpretantentypen beziehen sich also auf Realität, auf Fakten, aber in der Zweitheit geschieht dies auf am wenigsten vermittelte Art und Weise. Auf ihrer Grundlage kann sich der finale Interpretant in der Konsequenz als Überzeugung entwickeln.

So wird also aus einer zuvor (im klassisch-aristotelischen Weltbild) angenommenen Gegenüberstellung von Realität und Zeichenuniversum bei Peirce ein kontinuierliches, prozessuales Geflecht aus Wahrnehmung, Wirkung, Überzeugung und Handeln mit bestimmten Konsequenzen.

Diese Möglichkeiten werden nicht immer umfassend ausgeschöpft, weswegen im folgenden Kapitel diskursive Strategien dargestellt werden sollen, die sich mit gewissermaßen defizitären Semioseprozessen zufrieden geben.

2.4 Drei Methoden zur »Festigung der Überzeugung«...

Unser Alltagsleben ist durchdrungen von Gewissheiten, Überzeugungen und Gewohnheiten. Wir müssen uns auf sie verlassen können. Dennoch geraten wir auch permanent in Situationen, die nicht vollkommen routiniert bewältigt werden können. Da alle Gewissheiten strenggenommen nur mehr oder weniger starke Hypothesen sind, also Gesetz- oder Regelmäßigkeiten, die sich bislang bewährt haben, kommen wir immer wieder an Punkte, in denen sie uns nicht weiterhelfen und wir beginnen, an unseren Überzeugungen zu zweifeln. Der Prozess des Pendelns zwischen Zweifel und Überzeugung kann nie zu einem definitiven Ende kommen.

Zweifel und Überzeugung, so merkt auch Peirce an, sind hierbei allerdings denkbar starke Begriffe. In der Analyse der Zeichenfunktionen wurde jedoch klar, dass so gut wie jede Denkbewegung, auch die flüchtigste und geringste, von Wahrnehmungsurteilen begleitet wird, also von Entscheidungen, die aufgrund winziger Unentschiedenheiten oder kleinstem Zögern zustande kommen. Es ist deshalb wichtig, sich vor Augen zu führen, dass all diese Denkbewegungen denselben Prinzipien unterliegen: Wir können nichts anderes tun als Schlüsse zu ziehen und diese Schlüsse werden deduktiv, induktiv oder abduktiv sein – auch wenn das natürlich nicht davor schützt, falsch zu schließen, Fehl- oder Trugschlüssen aufzusitzen. Boris Gruschenko aus Woody Allens Film liefert ein schönes Beispiel für scheiternde Bemühungen um folgerichtiges Schließen. Er grübelt: »Was würde Sokrates sagen? Diese Griechen waren alle homosexuell. [...] A: Sokrates ist ein Mann. B: Alle Männer sind sterblich. C: Alle Männer sind Sokrates. Ergo sind alle Männer homosexuell.«[2] Boris Gruschenko schließt strauchelnd, aber er schließt.

2 *Die letzte Nacht des Boris Gruschenko* (Woody Allen, USA 1975)

Der feste Wunsch, einmal erlangte Überzeugungen nicht aufgeben zu wollen, ist dabei psychologisch begründbar, denn eine Überzeugung bedeutet die Beruhigung des Zweifels und ermöglicht Verhaltensgewohnheiten, also Annehmlichkeit, das Gefühl von Sicherheit und (vermeintlich) Vorhersehbarkeit. Aus der hier vorgeschlagenen semiotischen Perspektive wird unmittelbar deutlich, welch hohen affektiven Wert Überzeugungen haben: Wir lieben sie, wir hängen an ihnen, wir sind kaum bereit, sie aufzugeben, weil andernfalls Zweifel an uns nagen und den Aufwand des Nachdenkens erfordern würden. Überzeugungen ermöglichen es uns, Gewohnheiten zu pflegen, Verhaltensmustern zu folgen, krisenlos und ohne weiteres Nachdenken zu handeln. Es entspricht einer Art Trägheitsgesetz, dass wir, wie Peirce das formuliert, nicht nur glauben, sondern uns hartnäckig daran klammern, *genau das* zu glauben, was wir glauben.

Auch Wissenschaftler sind davor nicht gefeit und so werden zuweilen Ideen mit größter Verbissenheit verteidigt, auch wenn eine überwältigende Menge von Fakten gegen sie spricht. Ich hebe hier die Wissenschaftler hervor, weil sie es in erster Linie sein sollten, die bereit sind, ihre Überzeugungen stets als vorläufig zu betrachten, als bisher nicht gescheiterte Hypothesen und mehr nicht.

Tatsächlich stellen dann jedoch die Handlungen und Verhaltensgewohnheiten, die aus Überzeugungen resultieren, die Möglichkeit für Umdenken und Korrekturen bereit, nämlich dann, wenn sie in allen Konsequenzen bewusst werden und wenn diese Konsequenzen nicht unseren Absichten und Wünschen dienen und zu unerwünschten Ergebnissen führen. So nähren also gerade diese Konsequenzen erneute Zweifel.

Bevor wir die besondere Rolle des Zweifels in Peirce' Semiotik betrachten, der die Möglichkeit, Überzeugungen fallen zu lassen oder umzudenken einschließt, ist es notwendig zu untersuchen, wie Überzeugungen gefestigt werden. Welcher Art sind also vorstellbare Methoden, einmal übernommene oder erlangte Überzeugungen zu festigen oder zu rechtfertigen? Dabei soll im Folgenden von Überzeugungen gesprochen werden, wie wir sie im vorherigen Abschnitt vorgestellt haben, nämlich als Resultate oder finale Interpretanten von Wahrnehmungen und Wahrnehmungsurteilen.

Peirce spielt in dem wunderbaren kleinen Aufsatz »Die Festigung der Überzeugung« verschiedene Möglichkeiten durch, mit welchen Methoden denkbarerweise Überzeugungen gefestigt werden. Er nennt dabei die *Methode des Beharrens*, die der *Autorität*, die *apriorische Methode* und schließlich die *wissenschaftliche Methode*. Es soll hier nicht darum gehen, die Auswahl dieser Methoden im Einzelnen zu beurteilen oder danach zu fragen, ob die Auflistung vollständig ist – die Diskussion dieser Methoden bietet jedoch die Möglichkeit, den Wert der von Peirce favorisierten wissenschaftlichen Methode und die Unzulänglichkeiten oder

Gefahren der drei anderen Methoden zu erklären. Denn wenn wir bestimmt haben, dass Überzeugungen uns mit der Realität verbinden, dann unter der Prämisse, dass die Fakten tatsächlich für sie sprechen. Natürlich gibt es aber auch »falsche« oder fehlerhafte Überzeugungen, so wie es Fehlurteile und Trugschlüsse gibt. Die von Peirce vorgestellten ersten drei Methoden zur Festigung der Überzeugungen bringen solche falschen Überzeugungen hervor, weil ihnen auf je spezifische Weise die Möglichkeiten des Zweifelns und der Überprüfung ermangeln. Im Vergleich dieser Methoden bekommen wir aber nicht nur die Möglichkeit, falsche oder irrige Überzeugungen zu erkennen, sondern auch bewusst manipulative, populistische und ideologische Narrative zu analysieren und aufzuzeigen, an welchen argumentativen Stellen aus semiotischer Perspektive Täuschung und die Verschleierung oder Verzerrung von Fakten vorliegen. Die Betrachtung dieser Methoden bietet insofern einen recht guten Überblick über Argumentations- und Diskussions(un)kulturen, wie wir sie teilweise aktuell in der Gesellschaft erleben.

Um die von Peirce vorgeschlagenen Methoden zur »Festigung der Überzeugung« zu verstehen, ist es also sinnvoll, sich die soeben beschriebene, affektive Wirkung von Überzeugungen vor Augen zu halten: Wir *wünschen*, dass unsere Überzeugungen wahr sind, dass sie mit den Fakten übereinstimmen. Peirce' Überlegungen fußen auf nicht mehr als diesen beiden Prämissen: Dass das, was wir als Wahrheit anerkennen, auf Fakten beruht, dass diese messbar sind und auf lange Sicht bei allen Beobachtern zu denselben Ergebnissen, also Wirkungen, führen werden und auf der Annahme, dass wir ein vitales Interesse daran haben, dass unsere Überzeugungen mit den Fakten übereinstimmen. Ein anderes Wahrheitskriterium legt er nicht zugrunde. Kurz: Die Fakten *können* uns zu Überzeugungen führen und wir *wünschen*, dass unsere Überzeugungen mit den Fakten übereinstimmen.

Nun bietet die Methode des Beharrens auf Überzeugungen eine recht simple Strategie, sich seiner Gewissheiten gewiss sein zu können. Sie verzichtet nämlich ganz einfach darauf, einmal Erlerntes oder einfach Übernommenes zu hinterfragen. Tatsächlich wird sich kaum jemand ausschließlich auf diese Methode verlassen, da sie zu einem extrem engstirnigen und begrenzten Weltbild führen müsste. Sie kennt keinen Zweifel bzw. sie wüsste nicht, wie auf einen Zweifel reagiert werden könnte. Jemand, der dieser Methode folgt, würde unablässig auf Widerspruch stoßen und damit nicht umgehen können. Tatsächlich erkennen wir diese Methode allerdings zum Beispiel in der Klischeevorstellung eines starrsinnigen Vaters, der auf die Frage, warum etwas denn so gemacht werden solle, wie er es verlangt, antwortet: »Weil es schon immer so gemacht worden ist!« Wer der Methode des Beharrens folgt und die Richtigkeit seiner Überzeugungen verteidigen will, kann dies Peirce zufolge im Grunde nur tun, indem er nichts anders als die Entschiedenheit seiner

Meinung betont. Das wird eine recht tautologische Begründung ergeben, die letztendlich lautet: »Das ist so, weil ich davon überzeugt bin!«

Die oben genannte Möglichkeit, Überzeugungen mit Hilfe von Messungen oder im Abgleich mit Fakten zu überprüfen, fällt bei dieser Methode weg. Sie kollidiert fortlaufend mit Fakten, die deshalb ignoriert werden müssen. In den Problemkreis der Methode des Beharrens fällt meines Erachtens deshalb beispielsweise das Phänomen der kognitiven Dissonanz. Diese entsteht gerade an der Stelle, an der Überzeugungen mit »unliebsamen« Fakten abgeglichen werden müssten, die dieser Überzeugung widersprechen. Die Methode des Beharrens empfiehlt hier, diese Fakten auszublenden oder so umzudeuten, dass sie sich wieder in das vorhandene Weltbild oder die vorhandene Überzeugung einfügen lassen, ohne diese zu gefährden.

Die Stabilität von Überzeugungen ist bei der Methode des Beharrens teuer erkauft. Wenn nämlich der Zustand der Überzeugung deshalb angestrebt wird, weil er Zufriedenheit schafft, dann wird eine enorme Beharrlichkeit erforderlich sein, sich um seiner Überzeugung willen permanent gegen die Fakten anzustemmen. Traditionen fußen zu einem erheblichen Teil auf der Methode des Beharrens und natürlich bedient sich jede Form des Konservatismus gleichfalls dieser Methode.

Peirce meint, der soziale Impuls sei gegen sie. Denn sie wird den, der dieser Methode folgt, unweigerlich in eine Position der sozialen Isolation führen. Ich würde diese Feststellung dahingehend relativieren, als in bestimmten traditionalistischen oder auch religiösen Gruppierungen auch gemeinschaftlich geteilte »Parallelwelten« entstehen können, so dass die soziale Isolation auch ganze Gruppierungen innerhalb einer Gesellschaft betreffen kann. Die Methode des Beharrens, die das Ziel der Festigung der Überzeugung so nah vor Augen wähnt, muss jedoch am sichersten an dem scheitern, was sie am ärgsten fürchtet: am Zweifel. Vor allem wird aber deutlich, dass mit der Methode des Beharrens im Grunde keine Fakten gesucht, kein Abgleich mit Tatsachen gefordert wird. Insofern können ihre Überzeugungen nicht als »wahr« begründet werden, denn hierfür fehlt jegliches Instrument, Wahrheit kann allenfalls unter Berufung auf Tradition, ansonsten letztlich nur grundlos postuliert werden.

Die Methode der Autorität ist vergleichsweise mächtiger und erfolgreicher. Hier wird die Überzeugung aufgrund von Macht durchgesetzt und bewahrt. Peirce nennt organisierte Glaubenssysteme als solche, die sich der Methode der Autorität bedienen. Aber auch alle Formen totalitärer Systeme, Diktaturen, ideologisch geschlossene Weltbilder etc. folgen dieser Methode. Sie führt ihre Gesetze dogmatisch ein und setzt sie gewaltsam durch. Ihre bevorzugte Schlussfolgerungsweise ist, wie bei der Methode des Beharrens, die Deduktion: Einmal aufgestellte Gesetze sind auf ihre Prämissen hin nicht befragbar, allerdings liegt dem bei der Methode der Autorität ein Verbot, Unterdrückung von Zweifel oder systematische Verschleierung zugrunde, anders als die Trägheit oder Starrsinnigkeit bei der Methode des Beharrens.

Es ist Donald Trumps Methode: Aufgrund der Machtfülle seiner Position als US-Präsident kann er eine nicht hinterfragbare Regel wie etwa »Alle Mexikaner sind Drogendealer und Kriminelle« aufstellen und von dieser mit den bekannten Folgen (Mauerbaupläne, Trennung der Eltern von ihren Kindern an der Grenze etc.) herunter deduzieren. Die Methode der Autorität ist dann erfolgreich, wenn ihre Anhänger ihre Loyalität gegenüber dem Macht ausübenden Hegemon erweisen, anstatt Wahrheitssuche zu üben. Auch dies ist derzeit unter den republikanischen Anhängern Trumps zu beobachten.

Bei der Methode der Autorität tritt an die Stelle des Willens des Einzelnen, wie dies bei der Methode des Beharrens der Fall ist, nun der Wille etwa des Staats oder einer anderen autoritären Institution. Allein aufgrund von Macht ist sie erfolgreicher als die Methode des Beharrens und genauer müsste man sagen, dass sie ihre Gesetze und Überzeugungen nicht mehr oder weniger willkürlich übernimmt, sondern hinsichtlich ihrer Eignung dafür auswählt, die eigene Machtposition zu sichern. Prinzipiell kann sie sich also nur durch Formen der Unterdrückung von abweichenden oder widersprechenden Fakten und Überzeugungen behaupten. Wenn die Methode des Beharrens langfristig schon deshalb scheitern muss, weil sie ständig mit Fakten und den Meinungen anderer kollidiert, so versucht die Methode der Autorität die Überzeugungen, die sie vertritt, auf eine sozial breitere Grundlage zu stellen und gegen abweichende Meinungen durchzusetzen.

Auch wenn die Methode der Autorität sehr stabile Systeme hervorbringen kann, so liegt dennoch gerade in dem autoritär durchgesetzten Regelwerk auch ihre Schwachstelle, da Überzeugungen, die sich näher an der Realität orientieren, auf lange Sicht nicht vollständig unterdrückt werden können.

Die apriorische Methode wiederum lässt mich an die Hintergründe der antiken Sophisten denken, die als Wanderlehrer verschiedene Gesellschaften mit jeweils verschiedenen Ordnungssystemen und Konventionen kannten und denen somit bewusst war, dass das jeweilige gesellschaftliche Regelsystem zwar möglicherweise in sich konsistent und funktional, im Grunde aber kontingent ist.

Dann geht es um Vorlieben und Neigungen, die darüber bestimmen, welche Gesetze man anzunehmen und ihnen Folge zu leisten bereit ist. Peirce äußert sich über diese Methode ähnlich abfällig wie über die ersten beiden und setzt sie mit Entscheidungen als Modefragen gleich. Die apriorische Methode unterscheidet sich insofern nur geringfügig von der Methode der Autorität, da die Moden gewissermaßen zum Modediktat werden; hier geht die Macht zwar nicht vom Staat oder von einem Despoten aus, aber vom allgemeinen Geschmack, also gewissermaßen vom

Mainstream und dem, was sich in einer Gemeinschaft als gehörig, sittlich, angemessen und richtig *anfühlt*. Die apriorische Methode ist daher besonders anfällig für Zweifel, was sich – im Vergleich etwa zu totalitären Systemen – in der relativ raschen Abfolge unterschiedlicher »Moden« zeigt.

In Zeiten des Postfaktischen und der *alternative facts* tritt die apriorische Methode meines Erachtens besonders drastisch in Erscheinung. Und ihre fatalen Folgen, nämlich die unversöhnlich einander gegenüber stehenden Positionen, die geradezu zu unüberbrückbaren Gegensätzen und Feindseligkeit führen, machen Peirce' Auffassung nachvollziehbar, dass diese Methode kaum besser ist, als die der Autorität.

Ich denke, dass sich das, was derzeit als Filterblasen oder Echokammern diskutiert wird, mit dem Konzept der apriorischen Methode beschreiben lässt. Wenn nämlich Informationen als *Fake* abgetan werden, weil sie ein geschlossenes und möglicherweise durchaus in sich konsistentes Weltbild stören könnten, also Zweifel aufkommen lassen würden, so werden dadurch die Gründe vermindert, an einmal errichteten Überzeugungen zu rütteln. Filterblasen und Echokammern scheinen daher außerdem Strategien wie Manipulation und Indoktrination zu begünstigen, zumindest, wenn solche Manipulationsversuche auf den fruchtbaren Boden entsprechender Überzeugungen fallen.

Anhänger von Verschwörungstheorien folgen der apriorischen Methode. Jede Form des politischen Populismus verwendet die apriorische Methode zur Festigung ihrer Überzeugungen. Dezidiert geht es dem Populismus darum, Stimmungslagen in der Bevölkerung aufzugreifen und zu instrumentalisieren, ohne an einer Prüfung mit der Realität oder den Fakten interessiert zu sein. Der Populismus beansprucht, die »Stimme des Volkes« zu sein und sich gegen vermeintliche Eliten zu positionieren, Expertenwissen und politischer Sachverstand wird zugunsten von »gesundem Menschenverstand« abgelehnt. Mit der Berufung auf den »gesunden Menschenverstand« wird aber jede mögliche Diskussion und Kontroverse mundtot gemacht, so als bestünde hierüber kein Diskussionsbedarf mehr. Damit bewirkt Populismus geradezu exemplarisch die Polarisierung gegensätzlicher Meinungen. Im Populismus wird eine besondere Spielart der apriorischen Methode deutlich, nämlich ihr gezielter Angriff auf herkömmlicherweise als objektiv geltende Institutionen der Gesellschaft, etwa Wissenschaft und freie Presse. Da die apriorische Methode aber nur willkürlich, nach Geschmack und eigenem Interesse ausgewählte Überzeugungen kennt, muss sie auch Wissenschaft und Presse eine solche Methode unterstellen. Wissenschaft und Presse müssen aus dieser Perspektive mehr oder weniger als von irgendwelchen ominösen Lobbys oder »Mächten« instrumentalisiert gedacht werden – das entspricht der Logik der apriorischen Methode: Wenn Überzeugungen auf Interessen beruhen, dann auch die von

Wissenschaft und Presse! Aus diesem Grund kann sich dann jedes noch so abstruse Narrativ als mit Wissenschaft und Presse gleichgewichtig konkurrierend verstehen.

Im besten Fall, so muss man sagen, setzt sich eine spezifische Eigenart der apriorischen Methode durch, nämlich die relative Folgenlosigkeit einzelner apriorischer Ideen. Diese Folgenlosigkeit resultiert unmittelbar aus der Kontingenz ihrer Regeln und daraus, dass diese Regeln nicht der Überprüfung anhand messbarer Fakten standhalten können. Denn ihre Regeln – und deshalb halte ich diese Methode typisch für das Postfaktische – gründen nicht auf der oben skizzierten Möglichkeit, unsere Überzeugungen mit der Realität abzugleichen, sondern eher auf »gefühlten Wahrheiten«.

Unter diesen ersten drei Methoden zur Festigung der Überzeugung scheint die apriorische Methode eine derzeit äußerst populäre und erfolgreiche Methode zu sein. Mehr noch, sie greift die wissenschaftliche Methode, die im Folgenden eingehender besprochen werden soll, unmittelbar an. Da sie anders als die ersten beiden Methoden ganz dezidiert auf soziale Zugehörigkeit von Anhängern einer bestimmten Idee setzt, bildet sie auch besondere Inklusions- und Exklusionsmechanismen (im Sinne Michel Foucaults) aus. So wird beispielsweise einerseits »das Volk« (nicht etwa: die Bevölkerung) gegen »die Eliten« positioniert, andererseits wird »dem Volk« aber auch »das Fremde« als feindliche Bedrohung gegenübergestellt. Hier begegnen sich dann populistische Vorstellungen mit denen von Verschwörungstheoretikern, wenn es gilt, Bedrohungsszenarien und Feindbilder zu schaffen.

Meinungsführerschaft basiert also auf einer festen sozialen Basis, anders als die ersten beiden Methoden. Anhänger der apriorischen Methode immunisieren ihre Überzeugungen gegen Zweifel – und insbesondere Vertreter anderer Meinungen; ihre Positionen tendieren deshalb zur *ad-hominem*-Argumentation: »Wer nicht für uns ist, ist gegen uns!«. Sie sind für abweichende Argumente nicht mehr erreichbar, weil Meinungsgrenzen Frontlinien markieren. Sie behaupten das Nebeneinander konträrer Positionen und alternativer Fakten, um die Wahl der eigenen Position jedoch als die einzig plausible oder vernünftige zu verteidigen. Das ist das Ergebnis eines falsch interpretierten Konstruktivismus, nach dem jeder sein ihm persönlich angenehmeres Narrativ als das überlegene zu rechtfertigen und durchzusetzen versucht.

Die apriorische Methode verdeutlicht mehr als die ersten beiden Methoden, dass eine Überzeugung kein Garant für ihre Richtigkeit sein kann. Ihr einziger Zweck ist es, den Zweifel zu beseitigen und dadurch zufriedenstellend zu wirken. Wo die ersten beiden Methoden letztlich keine Möglichkeit bieten, Überzeugungen zu hinterfragen, so werden bei der apriorischen Methode Überzeugungen aufgrund subjektiver Vernunftgründe gerechtfertigt, wobei diese unabhängig von der Erfahrung, eben *a priori* getroffen werden. Da auch solche apriorischen Voraunnahmen nicht hinterfragbar sind, hält Peirce auch sie nicht für geeignet, Überzeugungen an den erfahrungsmäßig erkennbaren Fakten auszurichten. Dass eine Überzeugung völlig zufriedenstellend wirken kann, auch wenn sie auf letztendlich willkürlichen Geschmacksurteilen beruht, verdeutlicht die prekäre Lage in Zeiten des Postfaktischen.

2.5 ... und die wissenschaftliche Methode

Dies ist meiner Ansicht nach die derzeitige gesellschaftliche Situation, in der sich in einer breiten Öffentlichkeit die Meinung durchgesetzt hat, es gebe keine allgemein verbindliche Wahrheit mehr, sondern nur mehr konkurrierende *alternative facts*. Wenn nun die wissenschaftliche Methode als die von Peirce bevorzugte dargestellt werden soll, so muss darauf geachtet werden, dass damit kein Rückzug auf eine naiv-realistische Position gemeint sein kann. Ihre Haltung gegenüber der Realität und den Fakten ist jene, die wir mit der Analyse der Zeichen und Zeichenhandlungen bisher erarbeitet haben.

Peirce meint, die ersten drei besprochenen Methoden würden unserem Wunsch nicht gerecht, dass unsere Überzeugungen mit den Fakten übereinstimmen. Er versucht an ihrem Beispiel aufzuzeigen, dass keine von ihnen zu diesem Ergebnis führen kann. In allen drei Methoden wird die Festigung der Überzeugung durch den (egoistischen) Willen oder individuelle Vernunft gesucht, nicht jedoch bei den Fakten, die, wie dargestellt, *außerhalb* unserer Wahrnehmungsurteile und Interpretationen liegen.

Weiter oben haben wir den Zusammenhang zwischen Zeichenuniversum oder Denken und Realität besprochen. Bei unseren Bemühungen, zu Überzeugungen zu gelangen, muss daher stets geklärt sein, dass nur die Fakten, also das Außerhalb unseres Denkens unser Denken beeinflussen kann, also Gegenstand einer Wahrnehmung werden kann. Was wir nicht wahrnehmen, kann in unserem Geist auch nicht wirken. Auf diese Weise ist unser Denken als Bemühung um Überzeugung an die Fakten gebunden. Das ist die Konsequenz aus der semiotischen Zeichenbestimmung für das Bilden und Festigen unserer Überzeugungen. Es ist also nicht aus irgendwelchen persönlichen Interessen oder Neigungen oder egoistischen Motiven heraus geboren, sondern aus dem logischen Zusammenhang zwischen Realität und dem Zeichenuniversum unserer Erfahrung, wie wir ihn herausgearbeitet haben.

Was bedeutet das konkret? Einen Zugang schafft unsere Unterscheidung zwischen dem *unmittelbaren* und dem *dynamischen Objekt* des Zeichens. Das dynamische Objekt, also das Objekt, wie es in Wirklichkeit sein mag, findet, wie Peirce es formuliert, Mittel und Wege, das

Zeichen dazu zu bestimmen, eine Darstellung dieses Objekts zu sein. Der für mich nicht sichtbare Gegenstand, gegen den ich bei völliger Dunkelheit schmerzhaft stoße, findet Mittel und Wege, mich – auf lange Sicht – zu der Einsicht zu bringen, dass ich hier, an dieser Stelle in der Dunkelheit, ein Hindernis annehme, das ich fortan vorsichtig umgehen (oder beiseite schieben) werde. Das ist meine Interpretation dieser faktischen Erfahrung und die praktische Wirkung, die sie entfaltet, und in diesem Sinne hat sich mein Denken den Fakten angepasst.

Es kann jedoch passieren – und es passiert ziemlich oft! –, dass wir uns den Unterschied zwischen unmittelbarem und dynamischem Objekt nicht bewusst machen und das unmittelbare Objekt für das dynamische halten. Dann reflektieren wir nicht, dass es einen Bruch gibt zwischen Wahrnehmung(-surteil) und Wirklichkeit, was uns in der Annahme bestärkt, von unseren Wahrnehmungen überzeugt zu sein, sie würden uns unmittelbar Realität liefern.

Werbung macht sich diese Neigung zunutze, dass wir glauben, wir sähen im beworbenen Produkt das Objekt, wie es in Wirklichkeit sei. Auch nach intensiver Untersuchung eines Objekts werden wir aber nur über mehr oder weniger zutreffende *Repräsentationen* des Objekts verfügen, nicht jedoch über das dynamische Objekt »an sich«. Bei der wissenschaftlichen Methode geht es also darum, sich diesen Unterschied zwischen beiden Objekttypen klar zu machen und dem dynamischen Objekt die Möglichkeit zu geben, seine Mittel und Wege zu finden, unser Denken zu bestimmen.

Das bedeutet, dass wir nur die Möglichkeit haben, durch die Erfahrung der Wirkungen und Konsequenzen, die aus unseren Wahrnehmungsurteilen und Überzeugungen folgen, zu ermessen, ob diese Wirkungen zu den – von uns als solche angenommenen – Ursachen »passen«. Anders ausgedrückt: Die Überzeugungen, die wir aus Wahrnehmungen ableiten, haben sich an den in unseren Handlungen wahrnehmbaren Konsequenzen zu bewähren. Auf der Ebene der Schlussfolgerungen, die komplexer ist als die basale Ebene der (Einzel-)Zeichen, ist die Betrachtung des *induktiven Schlusses* hierbei interessant. Denn die intuitivste Form des Folgerns, die uns die Möglichkeit, falschen Hypothesen zu folgen, aufzeigen kann, ist die Induktion, die ja darauf beruht, von vergleichbaren Einzelfällen so lange auf eine allgemeine Regel zu schließen, bis diese von Fakten widerlegt wird. So wie die Induktion also nur wahrscheinliche Konklusionen liefern kann (im Gegensatz zur sicheren Konklusion in der Deduktion), so sind wir prinzipiell bereit, die aus ihr gewonnenen Regeln immer wieder zu überdenken und an neuen Fakten zu prüfen.

Spielen wir die vier Methoden an unserem einfachen Beispiel durch:

Stell dir (noch einmal) vor, du erwachst wieder einmal in diesem Raum in völliger Dunkelheit und versuchst »raus zu kommen«. Auf deinem

Weg stößt du nach einigen Schritten schmerzhaft gegen einen harten Gegenstand.

Die Methode des Beharrens, so dürfte inzwischen klar geworden sein, wird dir bei weiteren Anläufen stets wieder die gleiche, schmerzhafte Erfahrung des Anstoßens liefern. Deine Regel lautet: »Ich muss hier rauskommen!« Du willst vorwärts kommen und musst dafür den Schmerz in Kauf nehmen, da dich dein gewohnter Weg gegen das Hindernis stoßen lässt. Das ist nun einmal so (und es war schon bei deinen Eltern und Großeltern so!) und du hast keine Handhabe und auch keinen Willen, diese Regel zu prüfen oder zu ändern.

Die autoritäre Methode könnte so aussehen: Du fügst dich der Regel, nach drei Schritten einen nach links zu tun und dann wieder geradeaus zu gehen, um das Hindernis ohne Zusammenstoß zu umgehen. Als du in diese dunkle Umgebung gebracht wurdest, hat man dir diese Anweisung (eventuell unter Strafandrohung) gegeben. Da der Weg auf diese etwas umständliche und vor allem unverständliche Weise immerhin gangbar ist, hältst du dich folgsam und unkritisch an die Regel, um eventuelle Konflikte oder Strafen zu vermeiden. Hier wird auf die immerhin denkbare Möglichkeit, die Regel zu hinterfragen (»Wäre auch beiseite schieben ok?«), verzichtet.

Bei Befolgung der apriorischen Methode richtest du dich nach der möglicherweise von »Kennern« empfohlenen Regel, es sei vernünftig, dem Hindernis nach drei Schritten auszuweichen, anstatt sich auf irgendeine Weise an dem Hindernis abzuarbeiten, was möglicherweise schmerzhafte Folgen haben könnte. Diese Methode hat im Grunde ganz ähnliche Konsequenzen wie die autoritäre, sie scheint jedoch immerhin begründet zu sein und du bist bereit, diese Empfehlung zu akzeptieren, zum Beispiel vor allem auch deshalb, weil alle, denen du vertraust, dies auch tun: »Das macht man heutzutage so, wenn man dazugehören will!«

Die wissenschaftliche Methode geht nach dem Muster experimentellen Forschens vor. Per Induktion lässt sich die Existenz des Hindernisses bestätigen, die Überzeugung passt sich den Fakten an und übt den adäquaten Umgang mit dem Hindernis. Neben einfachem Ausweichen könnte man, der wissenschaftlichen Methode folgend, beispielsweise damit beginnen, das Hindernis experimentell zu untersuchen: Abduktionen, also Hypothesen zu dem adäquaten Umgang (»Hindernisse können zur Seite geschoben werden.«) können durch nachfolgende Induktionen wiederum auf ihre erfolgreichen oder erfolglosen Wirkungen hin überprüft werden. Die wissenschaftliche Methode sucht also permanent den induktiven (verallgemeinernden) Abgleich mit zuvor aufgestellten Hypothesen, um die Übereinstimmung der Hypothesen (probeweise eingesetzte Regeln) mit den Fakten zu prüfen. Hier treffen also

Theorie (Hypothese) und Praxis (Induktion), Ideen und Fakten im Experiment aufeinander.

Der wichtigste Aspekt bei der wissenschaftlichen Methode zur Festigung der Überzeugung liegt also in der Bereitschaft, einmal gefundene Überzeugungen jederzeit auf ihre Prämissen und Konsequenzen hin zu hinterfragen.

Eine semiotische Perspektive erleichtert diese Aufgabe deshalb, weil sie auf allen Ebenen des semiotischen Zeichenprozesses ermöglicht, festzustellen, was jeweils als Regel, Überzeugung, Handlungsgewohnheit fungiert und wie diese jeweils zustande gekommen ist. Wie bei der Beschreibung von prinzipiell allen Zeichen als Zeichenprozessen gezeigt werden konnte, besteht aus semiotischer Sicht kein Grund, Regeln und Prämissen nicht daraufhin befragen zu können, aufgrund welcher vorheriger Zeichenprozesse sie zustande gekommen sind. Diese Auffassung einer unabschließbaren Semiose führt zugleich zu der Einsicht, dass alle erlangten Gewissheiten und Überzeugungen nur jeweils vorläufige Ergebnisse von Zeichenprozessen sein können und immer wieder erneuter Prüfungen unterzogen werden müssen.

So bietet die wissenschaftliche Methode zwar die sicherste Annäherung an die Realität, zugleich wird der hypothetische Charakter ihrer Konklusionen aber auf Dauer gestellt. Peirce' Semiotik wurde deshalb mit dem Begriff des *Fallibilismus* belegt: der Hypothese gewissermaßen, dass alle Überzeugungen nur auf Hypothesen beruhen.

In gewisser Hinsicht könnte man die anderen drei Methoden als solche charakterisieren, die Letztbegründungsinstanzen behaupten wollen, also Regeln als Überzeugungen, die nicht mehr hinterfragbar sind. Im Gegensatz dazu ist die wissenschaftliche Methode als fallibilistische Methode eine, die prinzipiell alle Gewissheiten hinterfragt. Damit wird der Zweifel an eine herausragende Position gesetzt, zugleich aber stets mit den erfahrbaren Wirkungen korreliert. In besonders starker Form haben wir den Zweifel im Zusammenhang mit der Abduktion besprochen, also in solchen Situationen, die uns mit einem völlig unerklärlichen Phänomen konfrontieren und die uns daher dazu bringen, Hypothesen aufzustellen. Jede Art Forschung, so hatten wir gesagt, startet mit einer Hypothese – sie geht also von einem Zustand des Zweifelns aus. Aber der Zweifel begleitet das Denken ständig, so dass Denken als endlose Pendelbewegung zwischen Überzeugung und Zweifel aufgefasst werden kann. Da Peirce das Denken und die Überzeugung nicht unmittelbar an Erkenntnisobjekte bindet – das sind die dynamischen Objekte, die sich der Erkenntnis kategorisch entziehen – sind es vielmehr die Wirkungen, Konsequenzen und Handlungen, die als Maßstab für Überzeugung und Zweifel dienen.

Der Zweifel wird immer durch eine konkrete, faktische Situation ausgelöst, wir können ihn also der Kategorie der Zweitheit zuordnen. Er ist ein unmittelbarer Beweggrund. Weder das Empfinden einer Qualität noch gewohnheitsmäßige Wahrnehmungen oder Gewissheiten regen zum Nachdenken an, es ist vielmehr eine faktische, hier-und-jetzige Störung der Routine, die Zweifel auslöst und Entscheidungen erfordert.

Im Vergleich der vier Methoden zeigt sich, dass die wissenschaftliche Methode am wenigsten mit Überzeugungen operiert. Die drei anderen Methoden stellen demgegenüber verschiedene Formen der Bemühung dar, an einmal erlangten Überzeugungen möglichst festhalten zu können. In der wissenschaftlichen Methode – so wie in der Wissenschaft allgemein – haben Überzeugungen, Peirce zufolge, im Grunde nichts verloren. Diese Haltung ist zugleich ein starker Hinweis auf das Selbstverständnis aller Anhänger der wissenschaftlichen Methode, demzufolge eine Rückkehr zu einer naiven Vorstellung von einer unverrückbaren »objektiven Wahrheit« undenkbar erscheinen muss. Jeder Versuch, »die Wahrheit« gegen Angriffe (also beispielsweise die Präsentation einer »alternativen Wahrheit«) zu verteidigen, wäre nicht nur aussichtslos, sondern in sich schon falsch.

Für den Alltagsgebrauch muss diese recht radikale Position gleichwohl vermittelt werden: Die wissenschaftliche Methode anzuwenden bedeutet nicht, wie ein professioneller oder akademischer Wissenschaftler agieren zu müssen. Das Experimentieren ist eine zutiefst menschliche Neigung; jedes Kind experimentiert. Die wissenschaftliche Methode meint also die grundsätzliche Bereitschaft, Dinge zu hinterfragen und zu untersuchen. Sie ist also keine Methode, die besonderer Selbstdisziplin oder Fähigkeiten bedarf, sondern die sich anbietet, wenn man die – zufriedenstellende – Übereinstimmung der eigenen Überzeugungen mit der Realität anstrebt. Sie kommt uns entgegen.

Natürlich strebt jeder, der sich der wissenschaftlichen Methode bedient, nach Überzeugungen, denn dies ist letztendlich die einzige Motivation, überhaupt zu denken. Aber anders als bei den anderen drei Methoden ist der Anhänger der wissenschaftlichen Methode dazu bereit, seine Überzeugungen immer wieder mit den Erfahrungen abzugleichen und gegebenenfalls aufzugeben oder zu modifizieren. Es geht also nicht so sehr darum, keine Überzeugungen anzustreben, als vielmehr um eine prinzipielle Bereitschaft, sie in Frage zu stellen. Die wissenschaftliche Methode ist die einzige, die nicht auf letztlich egoistischen Motiven beruht. Sie orientiert sich allein an den wahrnehmbaren Fakten, ohne Rücksicht auf möglicherweise erwünschte Ergebnisse.

Es könnte der Einwand erhoben werden, dass es doch aber Situationen gibt, in denen es nicht darum gehen kann, seine Überzeugungen zu hinterfragen, sondern in denen gehandelt werden muss. Tatsächlich betont auch Peirce, dass es in Krisen erforderlich ist, sich auf seine Überzeugungen verlassen und ihnen gemäß entscheiden und handeln zu können. Der Zweifel ist notwendig, um das Denken anzustoßen, aber in

Krisensituationen müssen wir handeln – und dies können wir nur aufgrund von Überzeugungen. In diesem Sinne erscheint die wissenschaftliche Methode als eine, die uns auf zukünftiges Handeln und Verhalten *vorbereitet*.

2.6 Der soziale Impuls: Konsensfindung

Für die Beispiele rund um den Wegweiser, mit denen die grundlegenden Zeichenfunktionen geklärt wurden, sind bewusst ganz belanglose Situationen gewählt worden, um damit die allgemeine und alltagsweltliche Gültigkeit dieser semiotischen Prozesse bei der individuellen Zeichenverwendung aufzuzeigen. Es ist nun wichtig, sich klar zu machen, dass auch der gesellschaftliche Diskurs und das Gemeinschaftshandeln denselben Bedingungen der allgemeinen Zeichenprozesse unterliegen. Im Folgenden soll daher untersucht werden, welche Möglichkeiten zur Einschätzung brisanterer, weil gesellschaftlich relevanter Diskurse und Interaktion die Semiotik bieten kann.

Ausgehend von der Idee, dass der Interpretant letztendlich bestimmt, wie ein Zeichen konstituiert wird und ausgehend von Peirce' Annahme, dass jeder Mensch aufgrund dessen zu individuellen Schlüssen gelangen wird, liegt das Ziel der wissenschaftlichen Methode zur Festigung der Überzeugung nun nicht in den individuellen Konklusionen Einzelner, sondern in den gemeinschaftlich entwickelten Konklusionen aus diesen individuellen Wahrnehmungsurteilen. Auch diese Anbindung an die gemeinschaftlichen Ergebnisse unserer Schlussfolgerungen gewährleistet, dass diese konsensuell und auf lange Sicht gewonnenen Überzeugungen nicht auf den individuellen Interessen, Vermögen oder Wünschen Einzelner basieren, wie dies bei der Methode des Beharrens und abgewandelt auch in der autoritären oder apriorischen Methode der Fall ist. Gemeinschaftlich entwickelte Überzeugungen resultieren *idealerweise* aus der Anwendung der wissenschaftlichen Methode, da sie die individuellen Wahrnehmungen in gemeinschaftlichem Abgleich mit den Fakten erzielt. Korrektur erfolgt hier also auf zweierlei Weise, nämlich durch den Abgleich der jeweils individuellen Konklusionen und durch den Abgleich mit der von allen erfahrbaren Realität. Diese Möglichkeit der Korrektur durch Konsens bedeutet, dass wir zwar in unseren Urteilen individuell vorgehen können, so wie jeder Interpretant eines Zeichens von der individuellen Interpretation abhängt, dass aber die *Ursachen* für Schlussfolgerungen außerhalb unserer jeweiligen Interpretation liegen. Diese realen Fakten als Ursachen unseres Denkens werden daher *idealerweise* auf lange Sicht das Denken aller allmählich an sich anpassen. Auf diese Weise müssen sich Überzeugungen auf lange Sicht der Realität annähern.

Die gesellschaftliche Wirklichkeit sieht aber anders aus. In der aktuellen Diskussionslandschaft spielt die apriorische Methode zur Festigung der Überzeugung meines Erachtens eine erhebliche Rolle in Form populistischer und postfaktischer Diskurse. Die Frage ist also, wie sich Überzeugungen, also finale Interpretanten, dahingehend unterscheiden lassen, ob sie aus der apriorischen oder aus der wissenschaftlichen Methode hervorgegangen sind, das heißt, ob ihre Grundannahmen auf letztlich unhinterfragbaren Axiomen oder Aprioris beruhen oder ob sie als grundsätzlich hypothetisch behandelt werden und somit einer fallibilistischen Position unterstehen.

Es gilt daher, im Folgenden Strategien der ideologischen oder populistischen Rhetorik einer semiotischen »Diskursanalyse« zu unterziehen. Mit den Begriffen Ideologie und Populismus sollen dabei auf einer allgemeinen Ebene diskursive Methoden markiert werden, die bestimmte normative Weltbilder erzeugen wollen, die also auf eine gewisse Einengung von Perspektiven auf die Wirklichkeit durch manipulative Sprache und Rede abzielen. Jede Form ideologischer oder populistischer Rede ist immer darum bemüht, gewisse Überzeugungen zu etablieren und zu festigen und gegen andere durchzusetzen.

Da, wie wir gesehen haben, jede Art von Zeichenhandeln ihre Objekte auf eine bestimmte Weise perspektiviert, da also Zeichen ihre Objekte immer nur in gewissen Hinsichten, niemals aber umfassend thematisieren können, muss untersucht werden, auf welche spezifische Weise diese Perspektivierung in populistischer Rhetorik manipuliert wird.

Eine semiotische Analyse kann nun insbesondere zwei Strategien zur Einengung der Perspektive bestimmen, nämlich auf der Makroebene die Deduktion als bevorzugte Schlussfolgerungsweise ideologischer oder populistischer Rede und auf der Mikroebene der Zeichen die Tendenz, den Bezug auf das dynamische Objekt des Zeichens zu kappen. Was damit gemeint ist, wird im Folgenden ausführlich dargestellt.

Es geht also nicht um eine ideologiekritische Analyse oder Bewertung von typisch ideologischem Vokabular (Euphemismen, Pejorationen, Kapern von Begriffen etc.) oder ideologischer Rhetorik (Floskeln, Leerformeln etc.), sondern um eine semiotische Analyse der *Zeichenkonstruktion* in ideologischen und populistischen Diskursen, gemäß der allgemeinen Zeichenkonstruktion, wie sie im ersten Teil dieses Buchs beschrieben wurde. Da die Peirce'sche Semiotik die Bedeutung eines Zeichens mit seiner Wirkung gleichsetzt, führt jede Sprachmanipulation aus semiotischer Sicht nicht nur zu Überzeugungen, sondern damit verbunden zugleich zu Verhaltensgewohnheiten. Der Zusammenhang zwischen Sprachmanipulation und sprachlicher Manipulation wird aus semiotischer Perspektive also stets zusammen gedacht.

2.7 Deduktion im populistischen und ideologischen Diskurs

Hörte man beispielsweise vom ehemaligen US-Präsidenten Trump den Appell – sinngemäß –, die illegale Einwanderung von Mexikanern müsse durch einen Mauerbau gestoppt werden, da diese Mexikaner Kriminelle seien,[3] dann können wir diese Äußerung semiotisch auf verschiedenen Ebenen analysieren.

Wie jeder Politiker ist auch Trump darum bestrebt, seine Sichtweise als diejenige durchzusetzen, die Gültigkeit besitzt. Als Republikaner hat Trump eine bestimmte Agenda und er will Überzeugung stiften. Er möchte die illegal einreisenden Mexikaner fernhalten und er muss dieses Vorhaben begründen können, um dafür Zustimmung zu erhalten. Wie wir bereits bei der Besprechung der vier Methoden zur Festigung der Überzeugung gesehen haben, ist die Schlussfolgerungsweise, mit der Überzeugungen verteidigt werden sollen, die Deduktion.

Im ideologischen oder populistischen Diskurs soll nun außerdem eine Sichtweise durchgesetzt werden, die sich nicht an der Suche nach Fakten orientiert, sondern die dem jeweils spezifisch ideologisch verengten Weltbild entspricht und es stützt und festigt. Es geht hier um Deutungshoheit.

Seinen Appell muss Trump daher in einen solchen Schluss kleiden, der das von ihm angestrebte *Resultat*, nämlich Mexikaner an der illegalen Einreise zu hindern, als zwingende Konklusion darstellen kann. Er will also nicht von Einzelfällen auf eine Gesetzmäßigkeit schließen (Induktion) und er will auch keine neue Regel entdecken (Hypothese, Abduktion), sondern er möchte eine Konsequenz als notwendig erklären oder auch Prognosen aufstellen und Handlungskonsequenzen rechtfertigen. Er wird also deduzieren.

Dazu geht er von einer Regel als Prämisse aus, der vermutlich die meisten seiner Anhänger und insgesamt möglichst viele zustimmen werden, die also einen hohen Akzeptanzgrad hat, beispielsweise: »Kriminelle müssen vom Land ferngehalten werden.« Alle Arten von Topoi

3 *The Washington Post* vom 8. Juli 2015 titelt: »Donald Trump's false comments connecting Mexican immigrants and crime«, https://www.washingtonpost.com/news/fact-checker/wp/2015/07/08/donald-trumps-false-comments-connecting-mexican-immigrants-and-crime/) und zitiert aus einer Rede Trumps: »When Mexico sends its people, they're not sending their best. They're not sending you. They're not sending you. They're sending people that have lots of problems, and they're bringing those problems with us. They're bringing drugs. They're bringing crime. They're rapists.« Siehe auch: *BBC News* vom 31. August 2016 (https://www.bbc.com/news/av/world-us-canada-37230916)

oder Gemeinplätzen taugen im ideologischen Diskurs als derartige Prämissen, je nichtssagender sie sind, desto akzeptabler erscheinen sie. Die zweite Prämisse stellt er als Tatsache hin: »Alle illegal einwandernden Mexikaner sind Kriminelle.« (Es würde auch reichen, »einige« oder »viele« zu sagen. Wie schnell in gesellschaftlichen Debatten daraus »alle« werden, sieht man am Beispiel der derzeitigen in Europa geführten Diskussionen um Flüchtlinge.) Es handelt sich hierbei um eine strikt perspektivische Thematisierung des Objekts (Mexikaner), die nämlich ausschließlich unter dem Aspekt »kriminell« perspektiviert werden: Tatsächlich wird also nicht nach dem *dynamischen Objekt* gesucht (also dem Objekt, wie es in Wirklichkeit sein mag), sondern es wird auf eine ideologisch motivierte Perspektive, also auf ein *unmittelbares Objekt* (so, wie es *im* Zeichen dargestellt wird) verknappt: »Alle illegal einwandernden Mexikaner sind kriminell«. In diesem Beispiel stellt auch die zweite Prämisse eine Regel dar – auf diese zweite Prämisse werden wir im folgenden Kapitel genauer eingehen, um zu analysieren, wie diese Verkürzung der Perspektive auf ein unmittelbares Objekt gelingen kann. Sind beide Prämissen wahr, so ist auch die Konklusion notwendigerweise wahr: »Alle illegal einwandernden Mexikaner müssen vom Land ferngehalten werden.«

Die Deduktion ist in ideologischen Diskursen deswegen ein beliebtes Instrument, da hier eine Regel so auf einen Gegenstand angewendet werden kann, dass damit ein gewünschtes Resultat produziert wird – auch wenn der Gegenstand das gar nicht hergibt: »Die illegal einreisenden Mexikaner müssen dem Land ferngehalten werden.« Diese Konklusion scheint zwingend zu sein und sie war das Ziel seiner Argumentation. Die Schlussfolgerung hängt hier von Prämissen ab, die selbst nicht überprüft werden (oder jedenfalls nicht überprüft werden sollen) und als Regeln vorausgesetzt werden, um den Schluss zu legitimieren.

Trumps Anliegen ist möglicherweise ein zweifaches: Es soll hier nicht diskutiert werden, ob Trump in erster Linie illegale mexikanische Einwanderer fernhalten will oder ob er den Bau der Grenzmauer zu Mexiko, sein Prestigeprojekt, durchsetzen will – wichtig ist hier allein, dass sein Vorhaben in jedem Fall in Form von Deduktionen gerechtfertigt wird, wobei diese dann möglicherweise miteinander kombiniert werden können. Er geht also von Überzeugungen als Regeln aus und leitet von diesen Überzeugungen scheinbar notwendige Konsequenzen ab. Es lohnt sich immer zu versuchen, solche Argumentationen zu formalisieren. Im ersten, bereits besprochen Fall sähe der – schematisch vereinfachte – Syllogismus etwa wie folgt aus:

Prämisse (Regel): »Kriminelle müssen vom Land ferngehalten werden.«

Prämisse (Fall): »Alle illegal einwandernden Mexikaner sind Kriminelle.«

Konklusion (Resultat): »Alle illegal einwandernden Mexikaner müssen vom Land ferngehalten werden.«

Im zweiten Fall sähe der Syllogismus in etwa so aus:

Prämisse (Regel): »Grenzmauern schützen vor illegalen, kriminellen Einwanderern.«

Prämisse (Fall): »Mexikaner sind illegale, kriminelle Einwanderer.«

Konklusion (Resultat): »Die Grenzmauer schützt vor Mexikanern.«

Hier liegt die ideologische Perspektivierung und Verkürzung auf das unmittelbare Objekt darin, dass keine andere Umgangsweise mit »kriminellen Einwanderern« zugelassen wird (Resozialisierung, Integration, Entkriminalisierung etc.).

Das letztere Resultat, nämlich die aus der Form des deduktiven Syllogismus folgende Konklusion, dass eine Grenzmauer vor Mexikanern schütze, die dem Land ferngehalten werden sollen, rechtfertigt den Bau der Mauer.

Aber das Resultat *folgt* bei der Deduktion nicht nur notwendigerweise als Konklusion, sondern es *bestätigt* auch rückwirkend die zuvor als Prämisse eingesetzte Regel selbst. Aus bestimmten Überzeugungen lassen sich also notwendige Konklusionen schließen, die ihrerseits wiederum die Überzeugung stützen: Wenn alle Menschen sterblich sind und Sokrates ein Mensch ist, dann ist er sterblich. Sokrates' Sterblichkeit belegt gewissermaßen die Gültigkeit der Regel, dass alle Menschen sterblich sind. Die Form der Konklusion in der Deduktion ist apodiktisch. Indem der ihr zugrunde gelegten Regel im ideologischen Diskurs Fälle gewissermaßen unterworfen werden, wird sie selbst bekräftigt. Es ist diese *Form* der Schlussfolgerung, die dazu verleitet, die Möglichkeit auszublenden, dass eine oder auch beide Prämissen unwahr sein könnten. Die Form des Schlusses suggeriert die Richtigkeit nicht nur der Konklusion, sondern auch der Regel.

Dies macht sich der ideologische Diskurs zunutze. Illegal einreisende Mexikaner sind (in dieser Logik) der Grund allen Übels uns sie können mit einer Grenzmauer ferngehalten werden – das legitimiert die Politik

Trumps insgesamt, nämlich die USA durch den Mauerbau vor Kriminalität schützen zu wollen.

Dass insbesondere in ideologischen und populistischen Diskursen vorzugsweise deduziert wird, lässt sich durch eine Gegenprobe schnell durchspielen. Jede in der Deduktion eingesetzte Regel muss nämlich ihrerseits durch vorherige Abduktion und/oder Induktion zustande gekommen sein, da in der Abduktion eine Regel entworfen und in der Induktion von Einzelfällen auf eine Regel geschlossen wird. Wie kommt also, um in unserem Beispiel zu bleiben, Trump zu der Überzeugung, Grenzmauern würden vor kriminellen, illegalen Einwanderern schützen? Gibt es hierzu eine Hypothese oder empirisch erworbene, beispielsweise statistische Erhebungen? Der ideologische Diskurs wird solche Hypothesen oder induktive Belege möglichst nicht vorbringen, er wird vielmehr die verwendeten Regeln als »Fakt« behaupten. Er setzt die Gültigkeit seiner Prämissen einfach voraus. Das entspricht der *apriorischen* Methode zur Festigung der Überzeugung.

Wenn es dem ideologischen Diskurs darum geht, von allgemein gültigen Regeln oder Gesetzmäßigkeiten mit »zwingender Logik« zu deduzieren, so muss er stets mit Regeln als Prämissen beginnen. Würde er von einem Resultat ausgehen, so müsste er abduzieren, und ginge er von einem Fall aus, so würde er induzieren, aber das ist nicht die Absicht ideologischen Argumentierens. Nur wenn von allgemein gültigen Regeln auf Resultate geschlossen werden kann, schließt sich der von der Ideologie intendierte Kreis zwischen zwingender Konsequenz und rückwirkender Regelbestätigung. Und es ist dabei die *Form* von Deduktionen, die einen wahrheitsbewahrenden Schluss suggeriert.

Auch Deduktionen müssen überprüft werden. Wenn sich also herausstellen würde, dass Sokrates nicht gestorben ist, dann wäre der Schluss falsch, und zwar entweder wären eben doch nicht alle Menschen sterblich oder aber Sokrates wäre kein Mensch. Eine der beiden Prämissen wäre falsch (oder beide) und somit die ganze Deduktion.

Der ideologische Diskurs meidet aber die Prüfung der Deduktion. Bei einer neutralen Deduktion würde sich leicht herausfinden lassen, dass die meisten einwandernden Mexikaner keine Kriminellen sind, womit also der Fall (der selbst eine Regel als Konklusion einer Induktion darstellt), der hier als zweite Prämisse eingesetzt wird, ungültig wäre. Eine solche Prüfung findet in der ideologischen Argumentation aber nicht statt. Hier wird die Deduktion nur dazu genutzt, die zugrunde liegende Regel zu bestätigen. Die Regel selbst wird als unhinterfragbar, also axiomatisch gesetzt. Daher bieten sich, wie oben gezeigt, allgemeine Leerformeln als Regeln an, die so vage oder nichtssagend sind, dass sie möglichst wenig Angriffsfläche bieten (»Alle Kriminelle müssen dem Land fern gehalten werden.«). Die als Faktum behauptete zweite Prämisse, der Fall, ist in der *Form* des deduktiven Syllogismus gewissermaßen gut aufgehoben, stellt aber tatsächlich das eigentliche Problem dar.

2.8 Warum kann populistische Deduktion gelingen?

In der Deduktion, die darauf hinaus will, dass illegal einwandernde Mexikaner ferngehalten werden müssen, ist es deshalb nun die zweite Prämisse, die genauer betrachtet werden soll: »Alle illegal einwandernden Mexikaner sind Kriminelle.« Auch diese Prämisse muss aus irgendwelchen Argumenten hergeleitet worden sein, die in diesem Beispiel offensichtlich jeder Wirklichkeit widersprechen. Niemand bezweifelt, dass Kriminalität auch von illegalen mexikanischen Einwanderern ausgehen kann, dass jedoch im Umkehrschluss alle Mexikaner kriminell sein sollten, ist eine bösartige Verzerrung der Wirklichkeit. Hier handelt es sich also um eine offensichtlich ungültige Induktion. Sie kann formal dargestellt werden:

Prämisse (Fall):	XY ist ein illegal einwandernder Mexikaner.
Prämisse (Resultat):	XY ist ein Krimineller.
Konklusion (Regel):	Alle illegal einwandernden Mexikaner sind Kriminelle.

Wie kann es also zu einer solchen Überzeugung kommen, die dann als Fall ein Faktum darstellen soll? Wie bereits erwähnt, kann in der populistischen Deduktion eine Regel so auf einen Fall angewendet werden, dass damit ein erwünschtes Resultat erzielt wird, auch wenn der Fall das eigentlich nicht hergibt. In diesem Beispiel wird auf diese Weise die induktiv erlangte Regel (»Alle illegal einwandernden Mexikaner sind Kriminelle«) als Fall in der Deduktion eingesetzt. Tatsächlich ist es in solcher Deduktion also der Fall als zweite Prämisse, der problematisch ist, denn über die Regel als erste Prämisse (»Kriminelle müssen vom Land ferngehalten werden.«) herrscht ja Konsens.

Der in dieser populistischen Deduktion nun als zweite Prämisse eingesetzte Fall beruht auf einer festen *Assoziation* zwischen »illegal einwandernde Mexikaner« und »kriminell«, die in der Konklusion der ungültigen Induktion als etwas »Gesetzmäßiges« hervorgebracht wurde. Um diese Assoziation zu verstehen, hilft unsere Unterscheidung zwischen dem unmittelbaren und dem dynamischen Objekt: Diese Assoziation ist so stark, dass sie zu einer extrem eingeengten Perspektivierung des Objekts, also der »illegal einwandernden Mexikaner«, führt. In der

Diskussion des Zeichenbegriffs nach Peirce wurde festgestellt, dass alles, was Gegenstand unserer Wahrnehmung ist, als Zeichen konstituiert werden kann, also kann auch eine Proposition als Zeichen fungieren. Genau das geschieht bei einer solchen festen Assoziation zwischen Subjekt und Prädikat in einer Proposition wie »Alle illegal einwandernden Mexikaner sind Kriminelle«.

Wenn wir diese Proposition als Zeichen betrachten, können wir nun genauer bestimmen: Das Repräsentamen »illegal einwandernde Mexikaner« thematisiert nur noch das *unmittelbare Objekt*, wie es in der Proposition, also im Zeichen, dargestellt wird, nämlich das Objekt mit der Eigenschaft kriminell zu sein. Diese extreme Verengung auf eine Perspektive auf das Objekt verdeutlicht, dass der Bezug auf das *dynamische Objekt*, also die »illegal einwandernden Mexikaner« in der tatsächlichen, überbordenden Vielfalt ihrer je individuellen Eigenschaften, Motivationen, Ziele usw. ausgeblendet wird. Alle denkbaren Attribute dieser Mexikaner werden zugunsten eines einzigen, nämlich »kriminell«, vernachlässigt bzw. verleugnet. Diese Mexikaner erscheinen nun so, wie sie im Zeichen dargestellt werden (unmittelbares Objekt: »kriminell«), nicht aber wie sie in Wirklichkeit sein mögen (dynamisches Objekt). Die perspektivische Verengung auf dieses bestimmte unmittelbare Objekt führt zu einer Verallgemeinerung, so dass alle Mexikaner unter diesem Blickwinkel wahrgenommen werden.

Der ideologische oder populistische Diskurs zeichnet sich also dadurch aus, dass er bewusst eine stark verengende und verzerrende Perspektivierung des unmittelbaren Objekts anstrebt und den Kontakt zum dynamischen Objekt, wie es in Wirklichkeit sein mag, mutwillig kappt. Es ist leicht zu erkennen, wie weit diese Strategie von der wissenschaftlichen Methode zur Festigung der Überzeugung entfernt ist, die dem dynamischen Objekt die Möglichkeit geben will, Mittel und Wege zu finden, das Zeichen zu bestimmen, eine Darstellung dieses Objekts zu sein.

Alle Formen semantisch eingefärbter oder auf bestimmte Weise konnotierter Begriffe können semiotisch präziser durch die Unterscheidung zwischen unmittelbarem und dynamischem Objekt evaluiert werden. Mehr noch: Die herkömmliche Redeweise von Konnotationen bestimmter Begriffe impliziert die Vorstellung, es gebe Denotate, also den »eigentlichen« Inhalt eines Begriffs oder ein »eigentliches Referenzobjekt«. Von diesen Vorstellungen distanziert sich die Peirce'sche Semiotik, wie bei der detaillierten Analyse des Zeichens und der Zeichenfunktionen dargestellt wurde. Stattdessen kann die semiotische Analyse präzise danach fragen, unter welchen Hinsichten ein Objekt mit welchen pragmatischen Konsequenzen dargestellt und als dynamisches Objekt, also als der eigentliche Gegenstand ausgegeben wird.

Ist also der Bezug zum dynamischen Objekt auf diese Weise erst einmal erfolgreich gekappt, so kann das unmittelbare Objekt die Bedeutung des Begriffs dominieren. Wird also aus dem zunächst unspezifischen dynamischen Objekt »Mexikaner« das unmittelbare Objekt »Kriminelle«, dann ist hiermit wiederum der Boden bereitet für eine Deduktion, die von dieser nicht weiter hinterfragten Assoziation ausgehen kann. Die zweite Prämisse »Alle illegal einwandernden Mexikaner sind Kriminelle.« wird zum Pleonasmus, man könnte das Attribut »kriminell« auch ganz weglassen, weil der Begriff »Mexikaner« es in dieser Sichtweise ohnehin bereits impliziert. Im radikalsten Fall werden also unmittelbares Objekt mittels Repräsentamen und dynamisches Objekt so vertauscht, dass »Kriminelle« gemeint ist, wenn von »Mexikanern« gesprochen wird. Und etwas ganz Ähnliches scheint hierzulande derzeit zu geschehen, wenn man bedenkt, mit welchem Argwohn pauschal alle Flüchtlinge bedacht werden.

Dass es relativ häufig vorkommt, dass das unmittelbare Objekt, so wie es im Zeichen dargestellt wird, mit dem dynamischen Objekt verwechselt wird, wurde weiter oben bereits erwähnt. Der ideologische Diskurs macht sich diese Schwäche, das, was die zeichenhafte Repräsentation zeige, für die Wirklichkeit zu halten, zunutze. Er perspektiviert das unmittelbare Objekt so, wie es seinem Weltbild und seinen Absichten entspricht und gibt dieses unmittelbare Objekt als das dynamische aus.

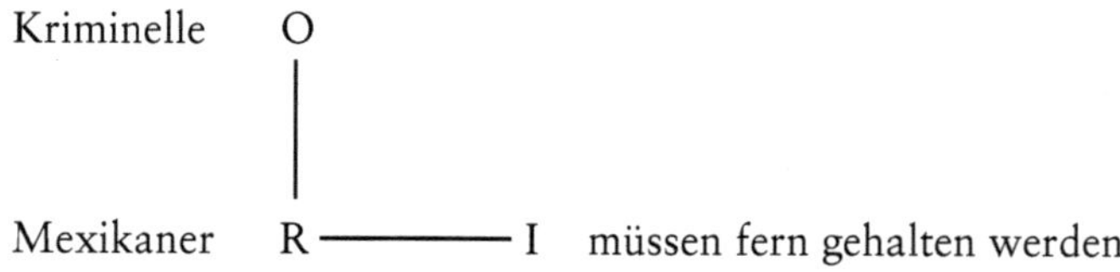

Abb. 8: Das unmittelbare Objekt wird (via Repräsentamen) zum angeblichen dynamischen Objekt.

Die perspektivische Einengung auf das unmittelbare Objekt, das dann für das dynamische Objekt gehalten wird, und die Deduktion, die von diesem manipulierten Wahrnehmungsurteil ermöglicht wird, bedingen sich im ideologischen oder populistischen Diskurs wechselseitig. Der Interpretant des auf diese Weise konstituierten Zeichens, also Wirkung oder praktische Konsequenz, stellt hier den deduktiv hergeleiteten Schluss dar: Die Wirkung des Zeichens ist die Überzeugung, dass die »kriminellen Mexikaner« fern gehalten werden müssen.

Um ein anderes Beispiel für die Kappung des dynamischen Objekts zu nennen, sei kurz auf eine diskursive Strategie Björn Höckes von der AfD hingewiesen. Höcke inszeniert sich als Visionär, der das Große und Ganze im Blick hat: Er sieht beispielsweise einen derzeit stattfindenden

»Kulturkampf« zwischen »kosmopolitischen Universalisten« und »nationalen Nominalisten« und sieht »uns« prinzipiell konfrontiert mit einer »geschlossenen transatlantischen Polit-Elite«, die an den »Hebeln der Macht« sitze und die »Vielfalt der nationalen Kulturen im Sinne einer One-World-Ideologie glattzuschleifen« beabsichtige – »Wir legen uns mit mächtigen Kreisen an«.[4] Dieser Blick aufs (vermeintlich) Große und Grundsätzliche besteht in einer konsequenten Kappung der dynamischen Objekte, denn weder wird geklärt, was mit »Kulturkampf« gemeint sei, noch was die »geschlossene transatlantische Polit-Elite« oder die »mächtigen Kreise« seien – auch inwiefern es nur diese zwei im Kulturkampf befindlichen Lager gebe, wird nicht geklärt.

Hier wird der Blick auf Fakten, auf Wirklichkeit dadurch gekappt, dass eben vermeintlich Grundsätzliches, nicht aber Konkretes verhandelt wird. Mit diesem vagen Grundsätzlichen kann Höcke ein ebenso vages wie gleichwohl enormes Bedrohungsszenario aufbauen, wobei etwa die »transatlantische PolitElite« oder die »mächtigen Kreise« unmittelbare Objekte darstellen, diese in ihrer Unbestimmtheit aber als dynamische Objekte ausgegeben werden: Dass es sie gibt, wird als unhinterfragbares Faktum behauptet. Diese Rede ist anspielungsreich, was jedoch mit den jeweils ins Spiel gebrachten unmittelbaren Objekten wie den »mächtigen Kreisen« *gemeint* sei (dynamisches Objekt), bleibt der individuellen Phantasie überlassen.

Im Zeichen dargestellt werden bedrohliche Objekte, es geht um Kampf und mächtige, also gefährliche Gegner. Was hingegen das jeweils konkret Gemeinte sei, wird raunend verschleiert. Die Verengung auf das unmittelbare Objekt geschieht hier also nicht durch die Verkürzung auf ein behauptetes Attribut, sondern durch eine Art Entwurzelung vom dynamischen Objekt, das hinter dem unmittelbaren Objekt nur äußerst vage zu erahnen ist.

Höcke verunmöglicht dadurch, was Peirce mit seiner *Pragmatischen Maxime* meint, nämlich eben jene Überprüfung der Überzeugungen an den Fakten und den Wirkungen oder Konsequenzen, die sie implizieren. Konkrete Lösungen für konkrete Probleme rücken damit aus dem Blickfeld, allein ein diffuses, wenn auch gewaltiges Gefühl der kulturellen Bedrohung wird heraufbeschworen.

Die Frage danach, wie wir »Ideen klar machen«, wie wir also das bei Höcke absichtlich diffus gehaltene dynamische Objekt erkennen können, wird uns im folgenden Kapitel näher beschäftigen.

4 So in einem Interview in der Schweizer Weltwoche vom 27.11.2019: https://www.weltwoche.ch/ausgaben/2019-48/titelgeschichte/ich-meine-es-nicht-bose-die-weltwocheausgabe-48-2019.html

2.9 Aber es wird doch um *Etwas* gestritten!?

Aufzuzeigen, wo ein ideologischer Diskurs oder ein ideologisches Narrativ verwendet wird, ist vergleichsweise einfach, wenn man sich gewissermaßen als Faustregel merkt, dass alle Prämissen selbst Konklusionen sind, die man also auf ihre eigenen Prämissen wiederum hinterfragen kann und wenn man die Unterscheidung zwischen unmittelbarem und dynamischem Objekt im Blick behält. Diese Möglichkeit ist ungemein wertvoll, insbesondere auch dann, wenn es um die selbstkritische Hinterfragung eigener Überzeugungen geht.

Somit wäre, auch wenn beste und lauterste Impulse zugrunde liegen, aus der hier diskutierten semiotischen Perspektive immer zu fragen: Wo und wann wollen wir die Gewissheit als Regel akzeptieren, dass, um ein weiteres Beispiel zu nennen, *kulturelle Aneignung* zu verurteilen sei und wo und wann wollen wir diese Regel als Prämisse für Deduktionen heranziehen? Welche Fälle akzeptieren wir als unter diese Regel fallend mit welchen Resultaten?

Wie gewiss wollen wir unserer Gewissheiten sein, wenn es um *europäischen Kolonialismus* geht und die Deduktion es anbietet, sich ohne Zweifel (aufgrund einer möglicherweise verabsolutierten Regel) auf die eine oder andere Seite zu stellen? Wo überlassen wir es der zwingenden Logik der Deduktion, über Täter und Opfer zu entscheiden?

Wie wäre nun ein konstruktiver Beitrag zur Diskussionskultur aus semiotischer Perspektive denkbar?

Auf den oben beschriebenen diskursiven Strategien basieren entsprechend systematische Strategien zur Festigung von ideologischen oder populistischen Weltbildern als Überzeugungen. Sind geschlossene Weltbilder in sich hinreichend konsistent und aufgrund ihrer verfestigten Überzeugungen gegen Einflüsse von außen immunisiert, so bilden sich, weil Überzeugungen (Verhaltens-)Gewohnheiten bedeuten, auf diese Weise mit den *alternative facts* zugleich alternative Welten, in denen ihre Anhänger leben. Wenn dann zwei konträre Weltbilder miteinander konfrontiert werden, so stehen sie einander nicht nur (latent) feindselig gegenüber, sondern vor allem voller wirklichem Unverständnis, denn die eigenen Überzeugungen werden ja, wie wir weiter oben festgestellt haben, durchaus für wahr gehalten. Deshalb wird es wenig bringen, auf »die Wahrheit« oder auf Fakten zu verweisen – ebendies provoziert nur eine Form von Konfrontation, in der eben verschiedene *alternative facts* oder Narrative unverhandelbar und unversöhnlich aufeinanderprallen, oder es schürt allein den bereits bestehenden populistischen Vorwurf gegenüber den als borniert und selbstgefällig angenommenen »Eliten«, die »das Volk« ohnehin fortwährend belügen würden – und jeder, der dem populistischen Narrativ widerspricht, rückt dadurch automatisch in eine Position, die der des »Volks« opponiert. Dies kann die Konfrontation nur verschärfen und die jeweils eigenen Überzeugungen noch weiter erhärten.

Es müsste deshalb gerade andersherum ein Weg gefunden werden, dem Zweifel eine Chance zu geben, Gewissheiten erneut in Frage zu stellen.

Es ist wiederum das Konzept des dynamischen Objekts, das hier einen Ansatz bieten kann. Denn auch wenn in Diskussionen beispielsweise vollkommen konträre Meinungen vertreten werden, so wird doch um *etwas* gestritten: Dieses *Etwas* ist das Faktische, das außerhalb unserer Wahrnehmung existiert, auch wenn unsere jeweiligen Wahrnehmungsurteile darüber möglicherweise bis zur Unkenntlichkeit voneinander abweichen.

In Alltagsdiskussionen ist uns diese Erfahrung vertraut: Wenn wir rückfragen, wie der Gesprächspartner etwas gemeint habe, lässt sich daraus schließen, dass wir davon ausgehen, zwar beide ein dynamisches Objekt zu meinen, dies aber auf verschiedene Weise repräsentiert wahrnehmen. Die Modifikationen, die wir dann mit Hilfe von Nachfragen vornehmen können, weisen darauf hin, dass es prinzipiell möglich ist, auf kürzere oder längere Sicht konsensuell zu bestimmen, um welches *Etwas* es im Kern jeweils geht. Dies bedeutet zugleich die Möglichkeit, darauf hinzuweisen, wie wir bestimmte *Etwasse*, die wir meinen, perspektivieren, und aufzuzeigen, *dass* wir gar nicht anders können, als sie zu perspektivieren, also jeweils nur unter bestimmten Hinsichten zu thematisieren. Über die Hinsichten kann man streiten, über das *Etwas* an sich aber nicht, es muss anerkannt werden. Es liegt außerhalb unserer Möglichkeiten der Repräsentation. Diese Unterscheidung könnte sehr nützlich sein, wenn wir herausfinden wollen, ob bestimmte Eigenschaften tatsächlich diesem *Etwas* zugesprochen werden können (Unzerkratzbarkeit eines harten Gegenstands, s.o.) oder ob es sich um Attribuierungen handelt, die wir lediglich in unseren Repräsentationen vornehmen. Zu fragen wäre also, ob wir jeweils über das unmittelbare Objekt (so wie es im Zeichen dargestellt wird) oder tatsächlich über das dynamische Objekt diskutieren (so wie es in Wirklichkeit sein mag).

Greifen wir hierzu auf die Unterscheidung der drei Objektbezüge des Repräsentamen zurück, nämlich Ikon, Index und Symbol. Mit ihnen können Relationstypen charakterisiert werden, nämlich Ähnlichkeit, Relation und Konvention, mit denen sich ein Repräsentamen auf sein Objekt beziehen kann.

Bei der detaillierten Besprechung dieser drei Arten des Objektbezugs in *Kapitel 1.4.* hatten wir noch nicht explizit zwischen unmittelbarem und dynamischem Objekt unterschieden, sondern sind dort einfach implizit vom dynamischen Objekt ausgegangen. Bei genauerer Betrachtung muss aber ergänzt werden, dass das hier gemeinte Objekt, auf das Ikon, Index und Symbol sich beziehen, tatsächlich das dynamische Objekt sein muss. Es handelt sich um das vom Zeichen *gemeinte* Objekt, wie es in Wirklichkeit sein könnte. Anders formuliert: Wir können zwar thematisieren, *wie* das Objekt im Zeichen dargestellt wird, nämlich ikonisch, indexikalisch oder symbolisch, und wir können diese Formen der Repräsentation detailliert beschreiben, aber der Objektbezug dieser Repräsentamen *meint* stets das dynamische Objekt, *außerhalb* seiner jeweiligen ikonischen, indexikalischen oder symbolischen Repräsentation. Wenn man sich also vor Augen führt, wie eine Ähnlichkeitsrelation, eine faktische oder kausale Relation, oder eine Konvention auf ein Objekt Bezug nehmen kann, so wird klar, dass das damit *gemeinte* Objekt nur das dynamische sein kann, weil es unsinnig wäre, diese Bezugnahme auf ein unmittelbares Objekt anzuwenden: Außer im Fall des *reinen Ikons*, so wie wir es kurz angesprochen hatten! Das reine Ikon, so wurde gesagt, ist auch dann ein Ikon, wenn es kein (dynamisches) Objekt hat.

Das ist beim reinen Selbstbezug des Zeichens der Fall – wie zum Beispiel in moderner, abstrakter Kunst (Yves Kleins monochrom blaues Gemälde) –, wenn also das ikonische Zeichen nichts anderes meint als sich selbst. Aber das ist ein Spezialfall. Bei allen anderen Formen des Objektbezugs muss es tatsächlich ein dynamisches Objekt geben, also jenes *Etwas*, um das es hier geht. Es *gibt* eine Ähnlichkeit mit einem *Etwas* oder eine faktische oder konventionalisierte Relation mit ihm.

Wenn also eine indexikalische Relation vorliegt, wobei etwa nach der Ursache eines bestimmten Anzeichens gefragt werden kann (»Wo Rauch, da Feuer!«), so ist dadurch zwar, wie gezeigt wurde, jene Ursache, das *Etwas*, noch nicht ganz klar (es könnte auch ein Raucher sein statt eines Feuers), aber *dass* es eine Ursache gibt, also *etwas*, auf das das Zeichen (Rauch) hinweist, ist unbezweifelbar: Es muss da irgend*etwas* sein, das den Rauch verursacht. Wenn eine symbolische Relation vorliegt, wenn also Justitia als Symbol für das Rechtswesen steht, dann ist mit ihr das tatsächlich existierende Rechtswesen gemeint, egal wie die jeweils konkret gemeinten Institutionen der Rechtspflege aussehen mögen. Demgegenüber kann das Objekt des Ikons aber auch eine reine Fiktion sein, nicht im Sinne eines dynamischen Objekts existieren, also keine Existenz *außerhalb* des Zeichens besitzen, wie im Beispiel eines Smileys.

Man kann nun darüber streiten, ob etwa einem Fabelwesen wie einem Zentauren eine Art von Existenz zukommt, beispielsweise eine auf Konvention beruhende, symbolische Existenz. Aber strenggenommen kann die Darstellung eines Zentauren in diesem Sinne gar keinem Zentauren ähneln, sondern allenfalls einer (vagen) Idee, die sich jemand von einem Zentauren macht. Natürlich kann man auch im *Zeichenmittelbezug* beispielsweise eines monochrom blauen Bildes von Yves Klein die spezifische Qualität der blauen Farbe thematisieren, die an sich tatsächlich existiert, aber im *Objektbezug* ist das Bild rein ikonisch und verweist auf kein Objekt außer sich selbst als Darstellung.

Wenn also um *etwas* gestritten wird, so kann der Objektbezug der Zeichen, die dabei verwendet werden, untersucht werden. Das Ziel wäre dabei, in einer Kontroverse herauszuarbeiten, was das *Etwas* ist, um das gestritten wird, denn nur wenn dies geklärt ist, kann sinnvoll über seine tatsächlichen Eigenschaften und Wirkungen sowie über adäquate Formen seiner Repräsentation verhandelt werden.

Meine These ist nun, dass im ideologischen oder populistischen Diskurs, analog zur perspektivischen Verengung beim deduktiven Schließen und der Präsentation des unmittelbaren Objekts *als* dynamisches Objekt, auch auf Begriffsebene, auf der es um ein bestimmtes Objekt, um ein *Etwas* geht, der Bezug zum dynamischen Objekt gekappt wird. Auf Begriffsebene geschieht dies durch eine *Ikonifizierung* des Zeichens (Repräsentamen), so dass der verwendete Begriff sich nur mehr auf sich selbst bezieht, letztendlich also nur sich selbst meint, aber nichts *außerhalb* des Begriffs: Es gibt dann kein *Etwas*, über dessen Eigenschaften Konsens hergestellt werden könnte.

Der Begriff der »Leitkultur«, wie er in Deutschland insbesondere seit etwa dem Jahr 2000 diskutiert wird, soll hierfür als Beispiel dienen. Konkret geht es darum, herauszufinden, was das unmittelbare und was das dynamische Objekt dieses Begriffs ist, worum also jeweils gestritten wird, um die Eigenschaften des *Etwas* »Leitkultur«, über die man sich einig werden können müsste, oder um die Eigenschaften seiner Repräsentationen.

Der 1996 von Bassam Tibi eingeführte Begriff einer »europäischen Leitkultur« wird seit etwa 2000 vor allem im verengten Sinne einer »deutschen Leitkultur« in der Politik kontrovers diskutiert. Da mit dem Begriff also 1.) die deutsche und 2.) die leitende Kultur erfasst werden soll, stellt sich die Frage nach einer deutschen Identität, von der der Begriff ihrer spezifischen Kultur hergeleitet werden könnte.

Über die ganze, über gut 20 Jahre hinweg (und bisher ergebnislos) geführte Debatte wirft der zu bestimmende Begriff das Problem auf, dass er nur dann sinnvoll etabliert werden kann, wenn er *etwas* meint, das *außerhalb* der Repräsentation existiert, und wenn bestimmte Konsequenzen aus dieser Bedeutung gezogen werden können. Die Frage nach der deutschen Identität und ihrer spezifischen Kultur setzt ein gewisses homogenes Kollektiv der Deutschen voraus. Der Wertekanon jedoch, auf den die deutsche Gesellschaft sich mehrheitlich geeinigt hat, ist bereits im Grundgesetz umrissen (Menschenwürde, Menschenrechte, Demokratie, Freiheit, Zivilgesellschaft etc.), weshalb die Einführung des Begriffs »Leitkultur« diesbezüglich überflüssig wäre. Was darüber hinaus die spezifische deutsche Identität und Kultur ausmachen könnte, ist umstritten.

Allerdings macht der Begriff der Leitkultur, ebenso wie der der (kulturellen oder deutschen) Identität, nur dann Sinn, wenn er Grenzen markiert hin zu einem Anderen, Nicht-Identischen. Dann kann der Begriff bedeuten, dass es neben der leitenden Kultur auch weniger oder nicht leitende Kulturen gibt, er führt also eine Hierarchie zwischen den Wertigkeiten verschiedener Kulturen ein; oder er soll dazu verwendet werden, die »deutsche Leitkultur« gegen fremde oder »nicht-deutsche« Kulturen abzugrenzen. Insbesondere in diesem letzteren Sinn ist der Begriff verwendet worden, nämlich im Zusammenhang mit Migration und aktuell in der Diskussion um Flüchtlinge. In der allgemeinsten Form wird dann beispielsweise die deutsche Sprache als kultureller Wert und als Bedingung für die Identifikation mit dem Deutschen genannt. Bei genauerer Betrachtung hat die Beherrschung der deutschen Sprache aber eher Vorteile in der Bewältigung des Alltags, wozu der Begriff der »Kultur« gar nicht bemüht zu werden braucht.

Im populistischen Diskurs, in dem am beharrlichsten um die deutsche Identität und die deutsche Leitkultur gerungen wird, geht es entsprechend deutlicher um die Abwehr des Multikulturalismus oder aber recht konkret um den »islamischen Einfluss« auf »unsere« Kultur, der diese bedrohe. In diesem Verständnis wird der Begriff »Leitkultur« nicht nur normativ verwendet, sondern darüber hinaus mit Forderungen zur Assimilierung von Zuwanderern verknüpft. Wiederum ist es der Erwerb der deutschen Sprache, der hier vorrangig als Anforderung für eine mögliche Integration genannt wird, vorwiegend jedoch dient die Abgrenzung gegen mögliche »islamische« oder pauschal multikulturelle Einflüsse dazu, die dadurch suggerierte deutsche Identität und Kultur überhaupt erst als schützens- und verteidigenswert darstellen zu können. Obwohl dabei weder die deutsche noch die fremde Kultur inhaltlich näher bestimmt wird, kann durch die Behauptung einer spezifisch deutschen Kultur zugleich ihre »Einheit« behauptet werden. Da aber der Begriff der Kultur an sich eine Pluralität und Diversität kultureller Strömungen und Entwicklungen bedeutet, ist seine Fixierung auf eine homogene Einheitlichkeit in Wirklichkeit gar nicht möglich.

Im Jahr 2018 stellt die AfD ihr Positionspapier »Leitkultur, Identität, Patriotismus« vor[5]. In diesem werden zunächst Beispiele für »deutsche Identität« genannt, wie etwa Wurst, Trabant, Fleiß und Pünktlichkeit. Anschließend wird auf den Begriff der Leitkultur eingegangen, er wird aber nicht aus den Beispielen für deutsche Identität abgeleitet, sondern ausschließlich durch Abgrenzung von Gegenbegriffen skizziert: »Offenheit« und »(Bunte) Vielfalt« werden beispielsweise dahingehend interpretiert, dass in der bundesrepublikanischen Realität Offenheit ungeschützt offene Grenzen und »(Bunte) Vielfalt« die verschiedenen Hautfarben verschiedener Ethnien meine, und ebenso wie Multikulturalismus als kultur- und identitätszersetzend abzulehnen seien. Über die

5 https://afd-thl.de/wp-content/uploads/2018/05/Leitkultur-Identität-Patriotismus.pdf

»deutsche Leitkultur« an sich ist nichts Genaueres zu erfahren. Im Bundestagswahlprogramm der AfD von 2017[6] werden unter dem Begriff »Leitkultur« konkreter beispielsweise deutsche Sprache, Bräuche und Traditionen genannt. Was aber sind »deutsche Bräuche«? Ein Blick in die UNESCO-Liste »Herausragende deutsche Kulturgüter« zeigt ebenfalls keine Zusammenstellung von Bräuchen, die eine homogene, klar definierbare deutsche Leitkultur umreißen könnten. Zum immateriellen Kulturerbe Deutschlands gehören demzufolge vor allem länderübergreifende Bräuche wie Falknerei, Köhlerhandwerk oder Sternsingen, zu den vielen regionalen Bräuchen gehören unter Anderem das »Wunsiedler Brunnenfest«, das »Forster Hanselfingerhut-Spiel« oder das »Finkenmanöver im Harz«. Sind das mehrheitlich in der Gesellschaft anerkannte deutsche Bräuche und kulturelle Werte, die identitätsstiftend wirken und gemeinsame, gelebte Kultur darstellen, die obendrein bedroht ist und geschützt werden muss? Auch diese Beispiele verdeutlichen vielmehr, dass sich aus ihnen keine allgemeine deutsche Leitkultur oder eine Manifestation deutscher Identität konstruieren lässt – und diese Bräuche als »deutsche Leitkultur« plausibel zu machen ist auch gar nicht die Intention der AfD.

Da Kultur zunächst ein durchaus positiv besetzter Begriff ist, kann man – wie bei den oben beispielhaft angeführten populistischen Leerformeln als Ausgangspunkt deduktiver Schlussfolgerungen – davon ausgehen, dass er auf allgemeine Zustimmung treffen wird. Wer könnte schon etwas gegen Kultur haben? Anders als der Begriff der Kultur lässt sich aber der Begriff »Leitkultur« leicht instrumentalisieren. Dies kann gerade deshalb gelingen, weil ein dynamisches Objekt, also das *Etwas*, das der Begriff außerhalb jeder Repräsentation meint, nicht ausgemacht werden kann. Der Begriff verweist auf nichts weiter als eine vage Idee dessen, was sich wohl jeder, der ihn verwendet, darunter vorstellen mag. Er verweist also nur auf die Vorstellung seiner selbst. Diese selbstreferentielle Perspektivierung ist die *Ikonifizierung* des Zeichens, das nichts außer sich selbst meint. Als reines Ikon hat der Begriff kein dynamisches Objekt.

Gerade dadurch, dass dieses Zeichen kein dynamisches Objekt hat, das es kein *Etwas* gibt, um das, bei aller individueller Interpretationen des Begriffs, doch immerhin gestritten werden könnte, bietet sich der Begriff besonders gut für Instrumentalisierungen an.

Immer wieder zielt der Wunsch nach einer »Leitkultur« daher vornehmlich darauf ab, Zuwanderer auf sie zu verpflichten. Aus Sicht der Semiotik wird hier also auch die angestrebte *Wirkung* des Begriffs, nämlich die *Konsequenzen*, die sich daraus exklusiv für Zuwanderer ergeben,

6 https://www.afd.de/wp-content/uploads/2017/08/AfD_Wahlprogramm_2017_A5-hoch.pdf

zur ganzen Bedeutung des Begriffs erhoben. Wird der Begriff der Leitkultur und die damit verbundenen Forderungen an Zuwanderer konkretisiert, so wird beispielsweise der Erwerb der deutschen Sprache genannt, insbesondere aber generell die Forderung erhoben, sich der »deutschen Leitkultur« anzupassen. Da die deutsche Leitkultur inhaltlich aber gar nicht bestimmt ist, bedeutet diese Forderung vornehmlich, die jeweils eigenen kulturellen Besonderheiten aufzugeben, die ihrerseits aus denselben Gründen zumeist nur in Form von Stereotypen unterstellt werden.

Auf diese Weise kann der Begriff der Leitkultur, obwohl er gar nichts Konkretes *meint*, also kein dynamisches Objekt hat, und gerade deswegen beliebig perspektiviert werden kann, recht weitreichende Wirkungen entfalten (Assimilierung), die von denen intendiert werden, die ihn einsetzen.

Wenn die Idee von etwas die Idee ihrer wahrnehmbaren Wirkungen ist, wie wir es von Beginn dieser Abhandlung an herausgearbeitet haben und was der *pragmatischen Maxime* von Peirce entspricht, dann müssen wir erkennen, dass die Idee einer »deutschen Leitkultur« nichts anderes ist als eine Disziplinierungs- und Assimilierungsforderung an Zuwanderer und Flüchtlinge.

Der Begriff hat keine weiteren Wirkungen oder Konsequenzen und soll sie auch nicht haben, und er hat diese Wirkungen, nämlich die Forderung nach Anpassung und Integration, allein für Migranten und Flüchtlinge, er hat keine Konsequenzen für »Biodeutsche«, außer dass er behauptet werden kann.

Auch aus diesem Grund war es wichtig, von Beginn dieser Abhandlung an die Bedeutung der Wirkung von Zeichen hervorzuheben. Denn auch wer von der Existenz von Zentauren überzeugt ist, wird sein Leben möglicherweise massiv diesem Glauben anpassen. Begriffe oder Ideen können also Wirkungen entfalten, auch wenn sie nur auf Einbildungen beruhen. Peirce' Beispiel, mit dem er die Wichtigkeit der Unterscheidung zwischen unmittelbarem und dynamischen Objekt verdeutlichen will, ist die Frage nach der Transsubstantiation. Das *Etwas*, um das hier zwischen Protestanten und Katholiken gestritten würde, habe einzig und allein die Wirkungen von verdünntem Wein und Oblaten. Dass es sich um Blut handle, läge nicht an den wahrnehmbaren Eigenschaften des gemeinten *Etwas*, sondern nur an den Eigenschaften der mentalen Repräsentation des *Etwas* durch Katholiken, und es sei daher töricht, über die vermeintlichen Bestandteile dieses *Etwas* zu streiten.

Der Klimawandel wäre eine Idee, bei der es dringend geboten scheint, zu prüfen, um welches *Etwas* es dabei geht. Seine negativen Wirkungen sind für alle erkennbar und spürbar. Nun kann man versuchen, diese effektiv erfahrbaren Wirkungen anderen Ursachen zuzuschreiben oder sie als normales Wetterverhalten einzustufen. Aber Überzeugungen führen zu Handlungsgewohnheiten und von diesen erhoffen wir vernünftige

Resultate zu erzielen. Allein deshalb erscheint es als schlicht unvernünftig, das mit der Idee des Klimawandels gemeinte *Etwas* nicht ernst zu nehmen und erforschen zu wollen. Stets gilt es also, zu überprüfen, wann um das *Etwas*, das dynamische Objekt, und wann nur um seine Formen der Repräsentation geht, also um das unmittelbare Objekt, wie es *im* Zeichen dargestellt wird.

Aber der ideologische oder populistische Diskurs zeichnet sich dadurch aus, dass er verschiedene Strategien verfolgt, eine Realitätsprüfung im Sinne der Semiotik zu verunmöglichen.

Begriffe wie »deutsche Leitkultur« oder auch »das Volk« spiegeln vor, das mit ihnen ein *Etwas* gemeint sei, das unabhängig von seiner Repräsentation existiere. »Das Volk« kann nur eine apriorische Idee, hervorgebracht durch den Diskurs der apriorischen Methode sein. Die Idee hält keiner Prüfung der wahrnehmbaren Fakten stand. Es ähnelt einer (vagen) Idee und hat kein dynamisches Objekt. Der Begriff »Das Volk« beruht auf der Konstruktion einer Wir-Identität als homogener Gemeinschaft. »Wir« kann jedoch nur in Abgrenzung zu »die anderen« funktionieren, »Das Volk« muss sich also per definitionem gegen andere abgrenzen, die nicht zu »dem Volk« gehören. Die Wirkung dieser Idee kann nur in Rassismus münden.

Es gibt also drei hauptsächliche Strategien des populistischen und ideologischen Diskurses: Der eine zielt auf eine Verengung der Perspektivierung eines Objekts ab, das es durchaus *gibt*, das aber im Diskurs auf ein unmittelbares Objekt verkürzt wird. Die zweite Strategie bewirkt die Ikonifizierung von Begriffen, die gar nichts mehr meinen, außer sich selbst und die jeweils damit intendierten Wirkungen. Sind diese Begriffe erst etabliert – dritte Strategie –, so können von ihnen aus vermeintlich logisch zwingende Deduktionen vorgenommen werden. Mit den Mitteln der Semiotik lassen sich diese Strategien erkennen, was die Möglichkeit bietet, präzise herauszuarbeiten, was denn in Wirklichkeit jeweils *gemeint* sei, was also der Realität entspricht oder aber was keine Entsprechung in der Wirklichkeit hat.

Appendix

In diesem Abschnitt stelle ich zu jedem Kapitel des vorliegenden Buchs einige einschlägige Zitate aus dem umfangreichen Werk von Peirce zusammen, die einen Eindruck von seiner Art zu vermitteln sollen. Der Einheitlichkeit wegen und aufgrund der guten Zugänglichkeit der *Collected Papers* von Charles S. Peirce werden alle Zitate aus dieser Quelle bezogen. Zur Zitierweise:

Z.B.: CP 1.501 = Collected Papers, Bd. 1, Abschnitt 501	Peirce, Charles S. (1931-1935): Collected Papers of Charles Sanders Peirce. Bd. 1-6. Hg. v. Charles Hartshorne and Paul Weiss. Cambridge, MA: Harvard University Press.
Z.B.: CP 7.102 = Collected Papers, Bd. 7, Abschnitt 102	Peirce, Charles S. (1958): Collected Papers of Charles Sanders Peirce. Bd. 7–8. Hg. v. Arthur W. Burks. Cambridge, MA: Harvard University Press.

1. Wie Zeichen entstehen

1.1. Was auf uns wirkt, wirkt als Zeichen

CP 5.402

It appears, then, that the rule for attaining the third grade of clearness of apprehension is as follows: Consider what effects, that might conceivably have practical bearings, we conceive the object of our conception to have. Then, our conception of these effects is the whole of our conception of the object.

1.2. Geringere und weitreichende Wirkungen

CP 4.536

In regard to the Interpretant we have equally to distinguish, in the first place, the Immediate Interpretant, which is the interpretant as it is revealed in the right understanding of the Sign itself, and is ordinarily called the *meaning* of the sign; while in the second place, we have to take note of the Dynamical Interpretant which is the actual effect which the Sign, as a Sign, really determines. Finally there is what I provisionally term the Final Interpretant, which refers to the manner in which the Sign tends to represent itself to be related to its Object.

CP 8.184

But we must also note that there is certainly a third kind of Interpretant, which I call the Final Interpretant, because it is that which *would finally* be decided to be the true interpretation if consideration of the matter were carried so far that an ultimate opinion were reached.

1.3. Eindrücke verarbeiten, bedeutet Schlüsse zu ziehen

CP 5.54

The whole question is what the *perceptual facts* are, as given in direct perceptual judgments. By a perceptual judgment, I mean a judgment asserting in propositional form what a character of a percept directly present to the mind is. The percept of course is not itself a judgment, nor can a judgment in any degree resemble a percept. It is as unlike it as the printed letters in a book, where a Madonna of Murillo is described, are unlike the picture itself.

CP 2.624

Induction is where we generalize from a number of cases of which something is true, and infer that the same thing is true of a whole class. Or, where we find a certain thing to be true of a certain proportion of cases and infer that it is true of the same proportion of the whole class. Hypothesis is where we find some very curious circumstance, which would be explained by the supposition that it was a case of a certain general rule, and thereupon adopt that supposition. Or, where we find that in certain respects two objects have a strong resemblance, and infer that they resemble one another strongly in other respects.

CP 5.189

The surprising fact, *C*, is observed;

But if *A* were true, *C* would be a matter of course,

Hence, there is reason to suspect that *A* is true.

CP 2.96

An Abduction is Originary in respect to being the only kind of argument which starts a new idea.

1.4. Das Zeichen im engeren Sinne: Ikon, Index, Symbol

CP 5.73

The representamen, for example, divides by trichotomy into the general sign or *symbol*, the *index*, and the *icon*. An icon is a representamen which fulfills the function of a representamen by virtue of a character which it possesses in itself, and would possess just the same though its object did not exist. Thus, the statue of a centaur is not, it is true, a representamen if there be no such thing as a centaur. Still, if it represents a centaur, it is by virtue of its shape; and this shape it will have, just as much, whether there be a centaur or not. An *index* is a representamen which fulfills the function of a representamen by virtue of a character which it could not have if its object did not exist, but which it will continue to have just the same whether it be interpreted as a representamen or not. For instance, an old-fashioned hygrometer is an *index*. For it is so contrived as to have a physical reaction with dryness and moisture in the air, so that the little man will come out if it is wet, and this would happen just the same if the use of the instrument should be entirely forgotten, so that it ceased actually to convey any information. A *symbol* is a representamen which fulfills its function regardless of any similarity or analogy with its object and equally regardless of any *factual* connection therewith, but solely and simply because it will be interpreted to be a representamen. Such for example is any general word, sentence, or book.

CP 2.304

A sign is either an *icon*, an *index*, or a *symbol*. An *icon* is a sign which would possess the character which renders it significant, even though its object had no existence; such as a leadpencil streak as representing a geometrical line. An *index* is a sign which would, at once, lose the character which makes it a sign if its object were removed, but would not lose that character if there were no interpretant. Such, for instance, is a piece of mould with a bullethole in it as sign of a shot; for without the shot there would have been no hole; but there is a hole there, whether anybody has the sense to attribute it to a shot or not. A *symbol* is a sign which would lose the character which renders it a sign if there were no interpretant. Such is any utterance of speech which signifies what it does only by virtue of its being understood to have that signification.

CP 3.361

The index asserts nothing; it only says »There!« It takes hold of our eyes, as it were, and forcibly directs them to a particular object, and there it stops.

CP 7.498

This sort of association by virtue of which certain kinds of ideas become naturally allied, as *crimson* and *scarlet*, is called *association by resemblance*. The name is not a good one, since it implies that the resemblance causes the association, while in point of fact it is the association which constitutes the resemblance. In themselves considered any two sensequalities are what they are to themselves alone and have no relation to one another. But could they be compared by a mind that brought no tinge of its ow nature into the comparison, any two ideas would appear somewhat alike and somewhat different.

1.5. Was sind die Objekte unserer Erfahrung?

CP 2.228

A sign, or *representamen*, is something which stands to somebody for something in some respect or capacity. It addresses somebody, that is, creates in the mind of that person an equivalent sign, or perhaps a more developed sign. That sign which it creates I call the *interpretant* of the first sign. The sign stands for something, its *object*. It stands for that object, not in all respects, but in reference to a sort of idea, which I have sometimes called the *ground* of the representamen.

CP 4.536

Namely, we have to distinguish the Immediate Object, which is the Object as the Sign itself represents it, and whose Being is thus dependent upon the Representation of it in the Sign, from the Dynamical Object, which is the Reality which by some means contrives to determine the Sign to its Representation.

1.6. Was ist also ein Zeichen? – Ein Zeichenprozess!

CP 2.274

A *Sign*, or *Representamen*, is a First which stands in such a genuine triadic relation to a Second, called its *Object*, as to be capable of determining a Third, called its *Interpretant*, to assume the same triadic relation to its Object in which it stands itself to the same Object. The triadic relation is *genuine*, that is its three members are bound together by it in a way that does not consist in any complexus of dyadic relations. That is the reason the Interpretant, or Third, cannot stand in a mere dyadic relation to the Object, but must stand in such a relation to it as the Representamen itself does. Nor can the triadic relation in which the Third stands be merely similar to that in which the First stands, for this would make the relation of the Third to the First a degenerate Secondness merely. The Third must indeed stand in such a relation, and thus must be capable of determining a Third of its own; but besides that, it must have a second triadic relation in which the Representamen, or rather the relation thereof to its Object, shall be its own (the Third's) Object, and must be capable of determining a Third to this relation. All this must equally be true of the Third's Thirds and so on endlessly; and this, and more, is involved in the familiar idea of a Sign; and as the term Representamen is here used, nothing more is implied. A *Sign* is a Representamen with a mental Interpretant. Possibly there may be Representamens that are not Signs. Thus, if a sunflower, in turning towards the sun, becomes by that very act fully capable, without further condition, of reproducing a sunflower which turns in precisely corresponding ways toward the sun, and of doing so with the same reproductive power, the sunflower would become a Representamen of the sun. But *thought* is the chief, if not the only, mode of representation.

CP 5.181

The abductive suggestion comes to us like a flash. It is an act of *insight*, although of extremely fallible insight. It is true that the different elements of the hypothesis were in our minds before; but it is the idea of putting together what we had never before dreamed of putting together which flashes the new suggestion before our contemplation.

2. Wie Zeichenprozesse entstehen

Zur Lektüre für den 2. Teil dieses Buchs empfehle ich die beiden bereits erwähnten Aufsätze von Peirce:

Peirce, Charles S.: How to Make Our Ideas Clear. In: *Popular Science Monthly XII*, 1878. (CP 5.388-410).

In deutscher Übersetzung: Wie wir Ideen klar machen. In: Elisabeth Walther (Hg.): Die Festigung der Überzeugung und andere Schriften. Baden-Baden: Agis Verlag 1985. S. 59–78.

Peirce, Charles S.: The Fixation of Belief. In: *Popular Science Monthly, XII*, 1877. (CP 5.358-387).

In deutscher Übersetzung: Die Festigung der Überzeugung. In: Elisabeth Walther (Hg.): Die Festigung der Überzeugung und andere Schriften. Baden-Baden: Agis Verlag 1985. S. 42–58.

2.1. *Wie werden aus Wirkungen Überzeugungen?*

CP 5.400

If there be a unity among our sensations which has no reference to how we shall act on a given occasion, as when we listen to a piece of music, why we do not call that thinking. To develop its meaning, we have, therefore, simply to determine what habits it produces, for what a thing means is simply what habits it involves. Now, the identity of a habit depends on how it might lead us to act, not merely under such circumstances as are likely to arise, but under such as might possibly occur, no matter how improbable they may be. What the habit is depends on *when* and *how* it causes us to act. As for the *when*, every stimulus to action is derived from perception; as for the *how*, every purpose of action is to produce some sensible result. Thus, we come down to what is tangible and conceivably practical, as the root of every real distinction of thought, no matter how subtile it may be; and there is no distinction of meaning so fine as to consist in anything but a possible difference of practice.

2.2. *Wahrnehmungen und Wahrnehmungskategorien*

CP 5.91-5.92

Hegel is possessed with the idea that the Absolute is One. Three absolutes he would regard as a ludicrous contradiction *in adjecto*. Consequently, he wishes to make out that the three categories have not their several independent and irrefutable standings in thought. *Firstness* and *Secondness* must somehow be *aufgehoben*. But it is not true. [...]

Let the Universe be an evolution of Pure Reason if you will. Yet if, while you are walking in the street reflecting upon how everything is the pure distillate of Reason, a man carrying a heavy pole suddenly pokes you in the small of the back, you may think there is something in the Universe that Pure Reason fails to account for; and when you look at the color *red* and ask yourself how Pure Reason could make *red* to have that utterly inexpressible and irrational positive quality it has, you will be perhaps disposed to think that Quality and Reaction have their independent standing in the Universe.

CP 6.135

Three elements go to make up an idea. The first is its intrinsic quality as a feeling. The second is the energy with which it affects other ideas, an energy which is infinite in the here-andnowness of immediate sensation, finite and relative in the recency of the past. The third element is the tendency of an idea to bring along other ideas with it.

CP 1.24

The actuality of the event seems to lie in its relations to the universe of existents. A court may issue *injunctions* and *judgments* against me and I not care a snap of my finger for them. I may think them idle vapor. But when I feel the sheriff's hand on my shoulder, I shall begin to have a sense of actuality. Actuality is something *brute*. There is no reason in it. I instance putting your shoulder against a door and trying to force it open against an unseen, silent, and unknown resistance. We have a two-sided consciousness of effort and resistance, which seems to me to come tolerably near to a pure sense of actuality. On the whole, I think we have here a mode of being of one thing which consists in how a second object is. I call that Secondness.

2.3. *Die Vernünftigkeit der Realität*

CP 8.256

Only one must not take a nominalistic view of Thought as if it were something that a man had in his consciousness. Consciousness may mean any one of the three categories. But if it is to mean Thought it is more without us than within. It is we that are in it, rather than it in any of us.

2.4/2.5 *Drei Methoden zur »Festigung der Überzeugung«... und die wissenschaftliche Methode*

CP 1.635

Nothing is *vital* for science; nothing can be. Its accepted propositions, therefore, are but opinions at most; and the whole list is provisional. The scientific man is not in the least wedded to his conclusions. He risks nothing upon them. He stands ready to abandon one or all as soon as experience opposes them.

CP 1.135

THE FIRST RULE OF REASON

Upon this first, and in one sense this sole, rule of reason, that in order to learn you must desire to learn, and in so desiring not be satisfied with what you already incline to think, there follows one corollary which itself deserves to be inscribed upon every wall of the city of philosophy:

Do not block the way of inquiry.

2.6. Der soziale Impuls: Konsensfindung

CP 5.407

The opinion which is fated to be ultimately agreed to by all who investigate, is what we mean by the truth, and the object represented in this opinion is the real. That is the way I would explain reality.

Zum Schluss:

CP 2.654

It seems to me that we are driven to this, that logicality inexorably requires that our interests shall *not* be limited. They must not stop at our own fate, but must embrace the whole community. This community, again, must not be limited, but must extend to all races of beings with whom we can come into immediate or mediate intellectual relation. It must reach, however vaguely, beyond this geological epoch, beyond all bounds. He who would not sacrifice his own soul to save the whole world, is, as it seems to me, illogical in all his inferences, collectively. Logic is rooted in the social principle.

Charles S. Peirce

bei Velbrück Wissenschaft

Nina Ort
Reflexionslogische Semiotik
Zu einer nicht-klassisch und reflexionslogisch erweiterten Semiotik im Ausgang von Gotthard Günther und Charles S. Peirce
380 Seiten · ISBN 978-3-938808-16-0 · EUR 38,–

Auch Semiotik und Literaturwissenschaft sind mit dem Problem beschäftigt, Theorien zur Erklärung von Prozessen und zur Entstehung von Neuem zu entwickeln. Das klassische dualistische Erkenntnismodell hat sich in dieser Hinsicht als unzulänglich erwiesen. Nina Ort legt mit der vorliegenden Studie einen überzeugenden Vorschlag vor, dieses um ein umfassenderes dreiwertiges Modell zu ergänzen, das eine angemessenere Darstellung von Prozessualität erlaubt. Sie entfaltet dieses durch die Kombination der ›nicht-Aristotelischen Logik‹ von Gotthard Günther mit der Semiotik von Charles S. Peirce zu einer reflexionslogischen Semiotik.

Helmut Pape
Der dramatische Reichtum der konkreten Welt
Der Ursprung des Pragmatismus im Denken von Charles S. Peirce und William James
380 Seiten · ISBN 978-3-934730-38-0 · EUR 45,–

Will man den Pragmatismus angemessen verstehen, so sollte man sich mit seinen Fragen und Antworten im Augenblick seiner Entstehung auseinandersetzen. Dieses Buch bietet eine Einführung in den Pragmatismus, indem es ihn aus der Entwicklung des Denkens seiner Begründer Charles S. Peirce und William James erklärt.

Sprachwissenschaft zur Einführung

bei Velbrück Wissenschaft

Matthias Bau, Benjamin Eisenberg, Sven Ender, Beatrix Fehse, Ilka Fladung, Lea Hoffmann, Thomas M. Kania und Ulrich Schmitz (Hg.)
Vergessene Klassiker der Sprachwissenschaft?
Zur Einführung und Erinnerung
312 Seiten · ISBN 978-3-95832-278-3 · EUR 29,90

Wilhelm von Humboldt, Charles S. Peirce, Hermann Paul, Ferdinand de Saussure, Karl Bühler, Ludwig Wittgenstein, Roman Jakobson, Alfred Schütz und Gerold Ungeheuer – sie alle gehören zu den Klassikern der Sprachwissenschaft. Doch viele Ergebnisse ihrer Forschungen gelten heute als selbstverständlich, sodass die Urheber in den Hintergrund geraten sind. Teilweise werden ihre wichtigen Beiträge auch nur verkürzt wiedergegeben oder haben gar nicht erst die Aufmerksamkeit erfahren, die ihnen gebührt.

Der vorliegende Band setzt sich zum Ziel, diese Wegbereiter eines wissenschaftlichen Sprachverständnisses dem Vergessen zu entreißen und ihre anhaltende Relevanz für den Forschungsbetrieb zu demonstrieren. Er versammelt Originaltexte, um das Bewusstsein für die Ursprünge und Grundlagen der Sprachwissenschaften zu schärfen. Kurze Geleittexte stellen die Autoren vor und erläutern geschichtliche Ausgangspunkte sowie theoretische Kontexte.